insel taschenbuch 5110
Jane Austen für Boshafte

AF177427

Lange galten ihre Bücher als liebenswürdig und unaufgeregt, aber Jane Austen war kein zahmes Huhn, das in seinem literarischen Vorgärtchen pickte, sondern das eleganteste satirische Talent des 18. Jahrhunderts. Sie wetzte ihren Schnabel an den Mitmenschen, schrieb schon als kleines Mädchen grobe Parodien und war später als der »Schürhaken« gefürchtet, der im Hintergrund das törichte Geschwätz der anderen belauschte.
Elsemarie Maletzke hat die herrlichsten Bosheiten aus Jane Austens Briefen und Werken ausgewählt und in diesem Band zusammengestellt.

Elsemarie Maletzke, geboren 1947, lebt und arbeitet in Frankfurt am Main als Autorin, Herausgeberin und freie Journalistin mit den Schwerpunkten Biografien, Reisen, Gärten und Großbritannien.

Jane Austen wurde am 16. Dezember 1775 in Steventon, Hampshire, geboren. Sie ist eine der erfolgreichsten Autorinnen aller Zeiten. Seit Erscheinen ihres ersten Romans, *Verstand und Gefühl* (1811), zieht sie ihre Leserschaft in den Bann. Ihre Romane über die Verstrickungen der Liebe begeistern bis heute ein Millionenpublikum in der ganzen Welt. Den großen Erfolg ihrer Werke erlebte Jane Austen nicht lange. Am 18. Juli 1817 verstarb sie nach kurzer, schwerer Krankheit in Winchester.

Jane Austen
für Boshafte

Ausgewählt von Elsemarie Maletzke
Insel Verlag

Diese Textauswahl ist erstmals 2009 unter
dem Titel *Jane Austen für Boshafte* (it 3445) erschienen.

Erste Auflage 2025
insel taschenbuch 5110
© 2009, Insel Verlag Anton Kippenberg GmbH & Co. KG, Berlin
Alle Rechte vorbehalten. Wir behalten uns auch eine Nutzung des
Werks für Text und Data Mining im Sinne von § 44b UrhG vor.
Quellenverzeichnis am Schluss des Bandes
Umschlaggestaltung- und illustration: Nicolas Mahler, Wien
Druck: CPI books GmbH, Leck
Printed in Germany
ISBN 978-3-458-68410-7

Insel Verlag Anton Kippenberg GmbH & Co. KG
Torstraße 44, 10119 Berlin
info@insel-verlag.de
www.insel-verlag.de

Inhalt

Jane Austen für Boshafte

Junge Frauen

Junge Mädchen sind erst interessant, wenn sie erwachsen werden.

J. A. an Anna Austen, 9.-18. September 1814

Niemals gab es zwei lebhaftere, umgänglichere und geistvollere Mädchen, als wir es sind; keine Stunde des Tages gerät uns zur Last. Wir lesen, wir nähen, wir gehen spazieren, und wenn uns diese Betätigungen ermüdet haben, beleben wir unsere Geister durch ein munteres Lied, einen anmutigen Tanz, ein gewitztes Bonmot oder eine geistreiche Schlagfertigkeit. Wir sind anmutig, sehr anmutig, liebe Charlotte, und die vortrefflichste unserer vortrefflichen Eigenschaften ist, daß wir ihrer nicht im geringsten gewahr sind.

Lesley Castle, S. 69

»Liebliches und allzu bezauberndes reizendes Wesen, ungeachtet Eures furchterregenden Schielens, Eurer fetttriefenden Locken und Eures krummen Rückens – all dies weit abscheulicher, als die Phantasie sich auszumalen oder die Feder zu beschreiben vermöchte – kann ich nicht anders, als mein Entzücken ob der fesselnden Beschaffenheit Eures Verstandes in Worte kleiden, was mich reichlich für das Entsetzen entschädigt, mit dem Euer Anblick den nichtsahnenden Besucher beim ersten Male unweigerlich erfüllen muß.«

Frederic und Elfrida, S. 224

In London hatten sich Miss Stanley von ihrem sechsten Lebensjahr bis zum vergangenen Frühjahr die vortrefflichsten Lehrmeister gewidmet und ihr in diesem Zeitraum von zwölf Jahren Kenntnisse und Fertigkeiten beigebracht, die nunmehr zur Schau gestellt und in wenigen Jahren ganz und gar vernachlässig werden sollten.

Catharine oder Die Laube, S. 151

Eine andere Mutter hätte vielleicht darauf bestanden, daß ihre Tochter einen für ihr erstes Auftreten in der Gesellschaft so großartigen Heiratsantrag annehme, aber ich konnte es nicht vor mir selbst verantworten, Frederica zu einer Ehe zu zwingen, gegen die sich ihr Herz auflehnt, und anstatt eine harte Maßnahme anzuwenden, beabsichtige ich nur, es ihrer eigenen Wahl zu überlassen, indem ich ihr das Leben so sauer wie möglich mache, bis sie ihn nimmt. Aber nun genug von diesem lästigen Mädchen.

Susan Vernon in Lady Susan, S. 21

Gerade eine Frau, die das Unglück hat, viel zu wissen, täte gut daran, es möglichst zu verbergen. Die Vorzüge natürlicher Torheit bei einem schönen Mädchen sind bereits von den Federn meiner Schreiberschwestern aufgezeigt worden. Um den Männern Gerechtigkeit widerfahren zu lassen, möchte ich nur noch hinzufügen, daß zwar für den größeren und oberflächlicheren Teil des männlichen Geschlechts frauliche Dummheit eine Erhöhung ihrer persönlichen Reize bedeutet, aber doch eine gewisse Anzahl immerhin vernünftig und wohlgebildet genug sind, um von einer Frau mehr zu wünschen als nur Unwissenheit.

Die Abtei von Northanger, S. 114

»Eine Frau von siebenundzwanzig«, sagte Marianne nach einer kurzen Pause, »darf sich keine Hoffnung mehr machen, noch einmal Zuneigung zu empfinden oder zu erwecken, und wenn ihr Zuhause unbehaglich oder ihr Vermögen gering ist, so kann ich mir denken, daß sie sich vielleicht überwindet, die Aufgaben einer Krankenschwester zu übernehmen, um als Ehefrau versorgt und abgesichert zu sein.«

Verstand und Gefühl, S. 51

Marianne sah nun allmählich ein, daß die Verzweiflung, die sie mit sechzehneinhalb ergriffen hatte, niemals einem Mann zu begegnen, der ihren Vorstellungen von Vollkommenheit genüge, zu voreilig und unbegründet gewesen war.

Verstand und Gefühl, S. 65

Mary hätte zu gern etwas sehr Vernünftiges gesagt, aber es fiel ihr nichts ein.

Stolz und Vorurteil, S. 13

»Junge Damen sollten immer gut behütet und bedient werden, natürlich entsprechend ihrer Stellung.«

Lady Catherine de Bourgh in *Stolz und Vorurteil*, S. 225

»Fanny bei mir leben? Das wäre das allerletzte, was mir in den Sinn käme und was jemand, der uns beide wirklich kennt, wünschen könnte. Großer Gott! Was soll ich denn mit Fanny anfangen? – Ich! Eine arme, hilflose, verlassene Witwe, zu nichts mehr nütze, seelisch völlig gebrochen, was sollte ich wohl mit einem Mädchen in ihrem Alter, einem Mädchen von fünfzehn Jahren anfangen! Das Alter, in dem sie wie in keinem anderen die größte Aufmerksamkeit und Fürsorge brauchen und selbst das fröhlichste Gemüt auf eine harte Probe stellen.«

Mrs. Norris in *Mansfield Park*, 39f.

Er versuchte sie noch immer mit Vernunftgründen zu überzeugen, aber es war vergebens. Sie wollte weder Rechnungen noch Vergleiche anstellen. Sie wollte nur lächeln und auf ihrer Meinung bestehen.

Mansfield Park, S. 122

Wenn eine junge Dame in Ohnmacht fällt, muß man sie wiederbeleben, Fragen stellen und sich die Überraschung erklären lassen. Vorkommnisse dieser Art erregen immer großes Interesse, aber die Spannung kann nie lange anhalten.

Emma, S. 430

Mrs. Goddard war die Leiterin einer Schule – keines Seminars oder Instituts oder dergleichen, das in langen Sätzen gehobenen Unsinns vorgibt, auf der Grundlage neuer Prinzipien und neuer Lehrsysteme fortschrittliche

Errungenschaften und elegante Moral zu vermitteln, und in denen junge Damen für horrende Summen um ihre Gesundheit und auf dumme Gedanken gebracht werden –, sondern eines echten, ehrlichen, altmodischen Internats, wo ein vernünftiges Maß an Fertigkeiten zu einem vernünftigen Preis geboten wird und wohin man junge Mädchen schicken kann, damit sie aus dem Weg sind und sich ein wenig Bildung zusammenkratzen, ohne Gefahr zu laufen, als Wunderkinder zurückzukommen.

Emma, S. 30f.

Seit dreizehn Jahren war Elizabeth die Herrin von Kellynch Hall und stand dem Haushalt mit einer Selbstsicherheit und Entschiedenheit vor, die niemanden auf den Gedanken gebracht hätte, sie könnte jünger sein, als sie wirklich war. Seit dreizehn Jahren machte sie die Honneurs und gestaltete das häusliche Leben. Sie führte auf dem Weg zu der vierspännigen Kutsche und verließ alle Salons und Speisesäle des Landes gleich hinter Lady Russell. Dreizehn Winterfröste sahen jeden anständigen Ball, den die dürftige Nachbarschaft zu bieten hatte, von ihr eröffnet, und dreizehn Frühlinge prangten in Blüten, wenn sie mit ihrem Vater für ein paar Wochen Unterhaltung in der großen Welt nach London reiste. Sie war sich ihrer neunundzwanzig Jahre bewußt, und das verursachte ihr manches Bedauern und manche Furcht. Vollkommen befriedigt, noch immer so hübsch wie damals zu sein, fühlte sie doch, daß sie sich den gefährlichen Jahren näherte, und wäre über die Gewißheit glücklich gewesen, in den nächsten zwölf Monaten von einem Baronet ordnungsgemäß umworben zu werden.

Anne Elliot, S. 13

Junge Männer

Charles Adams war ein liebenswerter, gebildeter und bezaubernder junger Mann von so blendender Schönheit, daß nur Adler in sein Antlitz zu blicken vermochten.

Jack und Alice, S. 233

Liebe Sally, ich habe eine passende hohle alte Eiche gefunden, in der wir unsere Briefe verstecken können, denn wie Du weißt, unterhalten wir seit langem einen heimlichen Briefwechsel. Sie liegt ungefähr eine Meile von meinem Haus entfernt und sieben von dem Deinen. Du hast Dir vielleicht vorgestellt, daß ich einen Baum wählen würde, der die Entfernung etwas gleichmäßiger teilte – das habe ich zur fraglichen Zeit auch erwogen, aber da ich dachte, ein Spaziergang wäre Deiner angegriffenen Gesundheit zuträglich, zog ich diese alte Eiche einer Deinem Haus näher gelegenen vor, und bin ganz der Deine Benjamin Bar.

Amelia Webster, S. 77

Ach, die engelgleiche Miss Henrietta mag bezeugen, wie begierig ich den Tod Eures schurkischen Onkels u. seiner ehrvergessenen Gemahlin herbeisehne, da meine Angebetete erst dann die Meine sein will, wenn deren Hinscheiden sie in den Genuß eines Reichtums versetzt, der über mein Vermögen hinausgeht [...]. O grausame Henrietta, die auf ihrem Entschlusse beharrt! Gegen-

wärtig befinde ich mich bei meiner Schwester, wo ich zu
verweilen gedenke, bis mein eigenes Haus mich aufnehmen kann, welches, obzwar ein ausgezeichnetes Haus,
im Augenblick ein wenig baufällig ist.

Eine Sammlung von Briefen, S. 135f.

Sir James sprach ziemlich viel und entschuldigte sich
bei mir höflich und wiederholt wegen der Freiheit, die
er sich mit seinem Besuch in Churchill herausgenommen habe, und lachte dabei häufiger, als es der Gegenstand des Gesprächs verlangte.

Mrs. Vernon in *Lady Susan*, S. 49

»Sehen Sie sich nur mein Pferd an. Haben Sie je in Ihrem
Leben ein Tier gesehen, das mehr für Geschwindigkeit
geboren ist? [...] Reines Vollblut! Drei und eine halbe
Stunde und nur dreiundzwanzig Meilen! Sehen Sie sich
das Tier an, und glauben Sie es, wenn Sie können!«
»Es sieht *zumindest* sehr erhitzt aus.«
»Erhitzt? Es hatte bis zur Kirche von Walcot kein
feuchtes Haar. Aber sehen Sie sich seine Vorderhand
an, seine Weichen, seinen Gang; das Pferd *kann* einfach
nicht langsamer traben als zehn Meilen die Stunde. Binden Sie ihm die Beine zusammen, es wird dennoch vorwärts kommen. Und was halten Sie von meinem Gig,
Miss Morland? Hübsch, nicht wahr? Hängt gut; für die
Stadt gebaut. Ich habe es noch keinen Monat. Es war
für einen Studenten vom Christ Church College gebaut,
er ist ein Freund von mir, ein sehr netter Bursche. Er
fuhr den Wagen nur ein paar Wochen und wollte ihn

dann wieder loswerden. Ich suchte gerade nach irgendeinem leichten Gefährt, obgleich ich mich eigentlich schon für ein Kabriolet entschlossen hatte. Zufällig traf ich ihn an der Magdalenenbrücke, als er nach Oxford hineinfuhr. ›Ach, Thorpe‹, sagte er, ›möchtest du nicht so ein leichtes Ding wie dieses? Es ist einzig in seiner Art, aber ich habe es verflucht satt.‹ – ›Oh, verdammt‹, sagte ich, ›da mach ich mit. Was verlangst du dafür?‹ Und wieviel glaube Sie, Miss Morland, forderte er?«

»Das kann ich nicht erraten.«

»Gefedert wie ein Kabriolet, sehen Sie; Sitz, Koffer, Degenkasten, Spritzleisten, Lampen, Silberbeschlag, alles dran; das Eisenwerk ist so gut wie neu oder noch besser. Er verlangte fünfzig Guineen. Wir wurden sofort handelseinig. Ich legte das Geld auf den Tisch, und der Wagen war mein.«

John Thorpe in Die Abtei von Northanger, S. 43f.

»Ah! Mutter! Wie geht es?« fragte er und schüttelte ihr herzhaft die Hand. »Wo hast du diesen scheußlichen Hut erstanden? Du siehst damit aus wie eine alte Hexe.«

John Thorpe in Die Abtei von Northanger, S. 47

»Hilf Gott! Ihr Weiber denkt immer, ein Mann sei gleich betrunken. Ein Mann läßt sich doch nicht von einer Flasche umwerfen. Über etwas bin ich ganz sicher – wenn jeder Mann täglich seine Flasche tränke, gäbe es nur halb soviel Unordnung auf der Welt wie jetzt. Es wäre für uns alle besser.«

»Das kann ich nicht glauben.«

»Oh, es wäre die Rettung vieler Tausender. In diesem Königreich wird nicht der hundertste Teil des Weines konsumiert, der heilsam wäre. Unser nebliges Wetter erfordert so ein Heilmittel.«

»Und doch habe ich gehört, daß man in Oxford sehr viel Wein trinkt.«

»Oxford! Ach, heutzutage wird in Oxford nicht mehr gezecht. Niemand trinkt dort. Es gibt keinen Mann, der mehr als seine zwei Flaschen trinkt. Neulich galt es zum Beispiel für etwas Außerordentliches, als bei einem Fest in meinen Räumen auf den Durchschnitt zweieinhalb Flaschen entfielen. Es wurde als etwas Ungewöhnliches angesehen. Und dabei habe *ich* einen besonders guten Stoff. In Oxford läßt sich nur schwer ein ähnlicher auftreiben, das können Sie mir glauben. Aber das vermittelt Ihnen gleichzeitig einen kleinen Eindruck von der allgemeinen Mäßigkeit.«

John Thorpe in Die Abtei von Northanger, S. 63f.

Als sie wieder in der Pulteney Street anhielten, war sie in gewissem Maße dazu verleitet, seiner Autorität zu widerstehen und an seiner Fähigkeit, rechtes Glück zu vermitteln, zu zweifeln.

Die Abtei von Northanger, S. 67

Das Herz eines Mannes wird nur wenig von etwas Kostbarem oder Neuem in der weiblichen Kleidung beeinflußt.

Die Abtei von Northanger, S. 75

»Meine liebste Catherine«, fuhr die andere fort, ohne überhaupt zugehört zu haben. »Ich möchte dich um alles nicht in eine übereilte Heirat drängen, ehe du dir der Tragweite bewußt bist. Es wäre durch nichts zu rechtfertigen, wenn ich dein ganzes Glück nur um meines Bruders willen opfern wollte, nur weil er mein Bruder ist, der schließlich ohne dich vielleicht ebenso glücklich wird. Denn viele Menschen wissen gar nicht, was sie vorhaben. Namentlich junge Männer sind so unglaublich wankelmütig und wetterwendisch.«

Isabella Thorpe in Die Abtei von Northanger, S. 147

»Ab und zu ist er schon ein ganz schöner Schwerenöter und schert sich wenig darum, welche Verwüstungen er in den Herzen junger Damen anrichtet. Ich habe deswegen oft mit ihm geschimpft, aber das ist sein einziger Fehler, und, dies muß einmal gesagt sein, sehr wenige junge Damen haben ein Herz, um das es sich zu kümmern lohnt.«

Mary über ihren Bruder Henry Crawford
in Mansfield Park, S. 440

»Welche meinst du?« Und sich umwendend und Elizabeth einen Augenblick ansehend, bis ihre Augen einander begegneten, wandte er sich kalt ab und sagte: »Sie ist erträglich, aber nicht hübsch genug, um *mich* zu reizen. Außerdem bin ich nicht in der Laune, mich junger Damen anzunehmen, die von anderen Männern übersehen werden.«

Mr. Darcy in Stolz und Vorurteil, S. 18

Sie mochte seine offene Art, aber ein bißchen weniger Offenherzigkeit hätte ihm charakterlich durchaus nicht geschadet.

Emma über Frank Churchill in Emma, S. 413

»Armer, lieber Junge«, fuhr Mrs. Musgrove fort, »er hatte sich unter Ihrer Aufsicht so entwickelt! Ach, welch ein Glück wäre es gewesen, wenn er nie von Ihnen gegangen wäre. Ich versichere Ihnen, Kapitän Wentworth, wir bedauern es sehr, daß er Sie verließ.«
Auf Kapitän Wentworths Zügen schien bei diesen Worten eine flüchtige Erinnerung auf, in seinen hellen Augen spielte ein bestimmter Blick und um seinen hübschen Mund ein Zucken, das Anne überzeugte, er habe sich Richards wahrscheinlich nur mit einiger Schwierigkeit entledigt, im Gegensatz zu Mrs. Musgroves wohlmeinender Vorstellung.

Anne Elliot, S. 76

Während einer kurzen Abwesenheit blieb seine Schöne in der kritischen Zeit ohne die Obhut seiner Aufmerksamkeit, und nach seiner Rückkehr bemerkte er zu seinem großen Schmerz ein vollkommen verändertes Wesen und einen Kapitän Wentworth.

Anne Elliot, S. 84

»Mit solchen persönlichen Vorzügen«, antwortete Charlotte, »kann Sir Edward Denham fast sicher sein, eine reiche Frau zu gewinnen, wenn ihm daran liegt.«

[...] »Ei ja, meine Liebe, das haben Sie sehr verständnisvoll gesagt«, rief Lady Denham. »Wenn wir nur eine junge Erbin nach Sanditon kriegen könnten! Aber Erbinnen sind so fürchterlich selten! Ich glaube, seit Sanditon ein Badeort ist, hatten wir noch keine hier – nicht einmal eine Miterbin.«

Sanditon, S. 217

Alte Frauen

Arme Mrs. Stent. Es ist ihr Los, immer überall im Weg zu sein, aber wir müssen gnädig sein, denn wir werden vielleicht selbst einmal Mrs. Stents, die zu nichts in der Lage und jedermann unwillkommen sind.

J. A. an Cassandra, 21. April 1805

Die arme Mrs. Stent wird nun hoffentlich nicht länger eine Plage für jeden sein.

J. A. an Cassandra, 29./30. November 1812

Sie sind heutigen Tages 55 Jahre alt. Sollte eine Frau jemals vor der unerbittlichen Hartnäckigkeit unerwünschter Liebhaber und den grausamen Heimsuchungen herzloser Väter in Sicherheit sein können, dann wohl unfehlbar in diesem Stadium des Lebens.

Liebe u. Freundschaft, S. 26

»Sobald Ihr erst näher mit meiner Alice bekannt sein werdet, wird es Euch nicht überraschen, das teure Geschöpf mehr trinken zu sehen, als ihm bekommt, Lucy, denn dies geschieht jeden Tag. Sie hat viele reizende Eigenschaften, doch die Nüchternheit zählt nicht zu ihnen. In der Tat handelt es sich bei der ganzen Familie um einen verlotterten Haufen von Trunkenbolden. Zu meinem Bedauern muß ich sagen, daß ich noch nie drei so ausgemachte Spielteufel wie die drei erlebt habe, besonders Alice. Aber sie ist ein reizendes Mädchen.

Gewiß läßt ihre Selbstbeherrschung zu wünschen übrig – welche Wutausbrüche habe ich nicht schon bei ihr erlebt! Aber dennoch ist sie eine entzückende junge Person. Ich bin mir sicher, daß Ihr sie ins Herz schließen werdet. Ich wüßte niemanden vergleichbar Liebenswürdigen zu nennen. – Oh, hättet Ihr sie nur kürzlich des Abends erleben können! Wie sie tobte! Und das ob einer Nichtigkeit! Sie ist in der Tat ein höchst ansprechendes Geschöpf! Ich werde sie immer lieben.«

Jack und Alice, S. 246f.

»Hoppla, Miss Maria! Wie, ist es Ihnen etwa nicht gelungen, einen Tanzpartner zu finden? Arme junge Dame! Ich fürchte, das neue Kleid haben Sie ganz vergebens angelegt. Aber verlieren Sie nicht die Zuversicht: Vielleicht kommen Sie doch noch zu einem Tänzchen, bevor der Abend endet.«

Lady Greville in *Eine Sammlung von Briefen*, S. 128

Beider Freude über diese Begegnung war groß, da sie während der letzten fünfzehn Jahre nichts voneinander gehört hatten. Man tauschte Komplimente über das gute Aussehen; und nachdem man festgestellt hatte, wie schnell die Jahre seit dem letzten Beisammensein verflogen waren, wie wenig man eine Begegnung in Bath erwartet hatte und welche Freude es sei, einer alten Freundin wieder zu begegnen, fragten sie nach ihren beiderseitigen Familien, Schwestern und Basen. Sie sprachen beide gleichzeitig, und jede gab viel lieber Auskunft, als zuzuhören, so daß die eine sehr wenig von den Worten der anderen verstand. Mrs. Thorpe hatte jedoch einen großen Vorteil vor Mrs. Allen, da sie eine ganze Reihe Kinder besaß. Und als sie sich über die Begabung ihrer Söhne und die Schönheit ihrer Töchter verbreitete, als sie von ihren verschiedenen Stellungen berichtete – über John in Oxford und Edward bei einem Tuchgroßhändler, und daß William zur See fahre und einer bei seinen Vorgesetzten beliebter sei als der andere –, da hatte Mrs. Allen nichts dagegenzusetzen und keine ähnlichen Triumphe dem unwilligen und ungläubigen Ohr ihrer Freundin aufzuzwingen. Sie war dazu verurteilt, mit freundlichem Lächeln vorzugeben, als lausche sie aufmerksam den Ergüssen der stolzen Mutter. Aber sie tröstete sich derweilen mit der Entdeckung, daß die Spitze auf Mrs. Thorpes Umhang nicht annähernd so hübsch wie ihre eigene war.

Die Abtei von Northanger, S. 28f.

Sie war eher wortkarg, weil sie, anders als die meisten Leute, ihre Worte der Zahl ihrer Einfälle anpaßte.

Mrs. Ferrars in *Verstand und Gefühl*, S. 285

Mrs. Bates, die Witwe eines früheren Pfarrers von Highbury, war eine sehr alte Dame, die außer über Teetrinken und ein Spiel Quadrille über alles hinaus war. Sie lebte mit ihrer einzigen Tochter in sehr bescheidenen Verhältnissen und wurde mit all der Rücksicht und Achtung behandelt, die eine harmlose alte Dame in solch widrigen Lebensumständen erwarten kann. [...] Miss Bates besaß nicht die geistige Überlegenheit, mit sich selbst fertig zu werden oder jenen, die sie nicht mochten, zumindest nach außen hin Respekt einzuflö-ßen. [...] Sie konnte auch über kleine Dinge viel erzäh-len, was für Mr. Woodhouse genau das Richtige war, und sie hatte stets belanglose Neuigkeiten und harmlo-sen Klatsch parat.

Emma, S. 30

Es oblag Lady Russell nicht mehr und nicht weniger, als zuzugeben, daß sie sich so ungefähr in allem getäuscht hatte und nun auf neuen Grundlagen aufbauen mußte.

Anne Elliot, S. 274

Jede Gegend sollte ihre Dame von Adel haben [...] Daß Lady Denham eine reiche alte Dame war, die zwei Gat-ten begraben hatte, den Wert des Geldes kannte, sehr angesehen war und eine arme Nichte hatte, die bei ihr lebte, waren bereits bekannte Fakten. [...] Er war schon ein älterer Mann, als sie ihn heiratete – sie selbst annä-hernd dreißig. Ihre Beweggründe zu einer solchen Ver-bindung waren nach der Zeitspanne von vierzig Jahren kaum noch festzustellen; aber sie hatte Mr. Hollis so gut gepflegt und zufriedengestellt, daß er ihr nach sei-nem Tod alles hinterließ – seinen gesamten Besitz, und zwar mit vollem Verfügungsrecht.

Sanditon, S. 183

... was bedeutete, daß Lady Denham, als eine wahrhaft große Dame, redete und redete und nur von ihren eige-nen Angelegenheiten sprach und daß Charlotte zuhörte und sich in Anbetracht der Gegensätzlichkeit ihrer beiden Gesprächspartner amüsierte. In Lady Denhams Äußerungen war bestimmt keine Spur von zweifelhaften Gefühlen und auch kein schwer verständlicher Satz. Sie ergriff Charlottes Arm mit der Ungeniertheit einer Person, die überzeugt ist, daß jede Annäherung ihrerseits eine Ehre sei [...] »Ich bin keine Frau, die jemandem unbesehen hilft. Ich erkundige mich immer sehr sorgfältig, was und mit wem ich es zu tun habe, bevor ich einen Finger rühre. Ich glaube nicht, daß ich je in meinem Leben für dumm verkauft worden bin. Und das will allerhand heißen für eine Frau, die zweimal verheiratet war.«

Sanditon, S. 214ff.

Alte Männer

Mr. Johnson verläßt London am kommenden Dienstag. Aus Gesundheitsgründen geht er nach Bath, wo er, wenn die Bäder ihm guttun und meinen Wünschen entsprechen, viele Wochen wegen seiner Gicht ans Bett gefesselt sein wird.

Mrs. Johnson in *Lady Susan*, S. 73

Meine liebe Alicia, was hast Du bloß für einen Fehler begangen, einen Mann in seinem Alter zu heiraten! – eben alt genug, um steif, störrisch zu sein und die Gicht zu haben – zu alt, um angenehm zu sein, und zu jung, um zu sterben.

Susan Vernon in *Lady Susan*, S. 76

Adieu, meine liebste Freundin, möge der nächste Gichtanfall günstiger sein…

Susan Vernon in *Lady Susan*, S. 88

»Je älter ein Mensch wird, Harriet, desto wichtiger sind für ihn gute Manieren – und alles Laute, Grobe und Ungeschickte würde auffallen und abstoßen. Was in der Jugend noch angehen mag, wirkt im fortgeschrittenen Alter unausstehlich. Wenn Mr. Martin schon jetzt linkisch und ungehobelt ist, wie wird er dann erst in Mr. Westons Alter sein?«
»Das kann man tatsächlich schwer sagen!« erwiderte Harriet ernst.

»Aber man kann es sich unschwer vorstellen. Er wird ein ungehobelter, gewöhnlicher Bauer sein, dem die äußere Erscheinung völlig gleichgültig ist und der nur noch an Gewinn und Verlust denkt.«

»Wird er wirklich so sein? Das wäre wenig schön.«

Emma, S. 46

Sir Walter Elliot auf Kellynch Hall in Somersetshire nahm zu seiner eigenen Unterhaltung nie ein anderes Buch als den Adelsalmanach zur Hand. Dort fand er Beschäftigung für manche müßige Stunde und Trost in Zeiten des Kummers. Seine Sinne erhoben sich bei Betrachtung der spärlichen Überreste uralter Adelsbriefe zu Bewunderung und Ehrfurcht. Alle unwillkommenen Empfindungen, die auf häusliche Schwierigkeiten zurückgingen, wandelten sich auf natürliche Weise in Mitleid und Verachtung, wenn er die fast endlosen Ernennungen des letzten Jahrhunderts durchblätterte – und wenn jedes andere Blatt machtlos blieb, verfolgte er seine eigene Abstammungsgeschichte mit niemals versagendem Interesse. Die Seite, auf der sich der bevorzugte Band schon von selbst öffnete, lautete:

»ELLIOT OF KELLYNCH HALL.«

Anne Elliot, S. 9

Freundinnen

Ach! Liebste Freundin, mit jedem Tage sehne ich mich mehr nach den heiteren und stillen Freuden zurück, die wir im Schloß genossen, das wir um der ungewissen u. unerheblichen Vergnügungen dieser berühmten Stadt willen verließen. Fern sei es mir zu behaupten, daß diese ungewissen und unerheblichen Vergnügungen mir im entferntesten mißfielen; im Gegenteil genieße ich sie ganz außerordentlich und würde sie noch weit mehr genießen, wüßte ich nicht mit Sicherheit, daß jedes Erscheinen meinerseits in der Öffentlichkeit die Ketten jener Unglücklichen noch fester schmieden muß, deren Leidenschaft ich mein Mitleid nicht versagen kann, wenngleich es nicht in meiner Macht steht, sie zu erwidern. Kurzum, liebe Charlotte, es sind mein Mitempfinden ob der Leiden so zahlreicher liebenswürdiger junger Männer, meine Abneigung gegen die übertriebene Bewunderung, die mir begegnet, und meine Scheu davor, mich allenthalben solchermaßen gefeiert zu finden – im Boudoir wie im Ballhause, in Blättern wie auf Bildern –, die es mir verleiden, mich der verschiedenartigen und vergnüglichen Lustbarkeiten Londons von ganzem Herzen zu erfreuen. Wie oft wünschte ich schon, über so wenig Schönheit zu verfügen wie Du, daß meine Gestalt so ungeschlacht sein möge wie die Deine und mein Gesicht so reizlos wie das Deine – doch, ach! wie wenig Aussicht besteht darauf, daß dieser Herzenswunsch mir erfüllt wird. *Lesley Castle*, S. 99f.

»Um des Himmels willen, laß uns aus dieser Ecke fort-gehen. Weißt du, die entsetzlichen jungen Männer dort starren mich seit einer geschlagenen Stunde an. Ich be-fürchte, meine ganze Haltung zu verlieren. Komm, wir wollen sehen, wer neu angekommen ist. Sie werden uns kaum folgen.«

Sie schlenderte also zu dem Gästebuch. Während Isa-bella die Namen überflog, fiel es Catherine zu, die wei-teren Bewegungen der beiden aufregenden jungen Leu-te zu beobachten.

»Sie kommen doch nicht hierher, nicht wahr? Sie sind hoffentlich nicht so unverschämt, uns zu folgen. Bitte, sage mir, wenn sie kommen. Ich will nicht aufblicken.« Nach einigen Augenblicken versicherte ihr Catherine mit natürlicher Freude, sie brauche sich nun nicht län-ger zu beunruhigen, die Herren hätten soeben die Brun-nenhalle verlassen.

»Und in welcher Richtung entfernten sie sich?« frag-te Isabella und wandte sich hastig um. »Der eine sah hübsch aus.«

»Sie gingen zum Friedhof hinüber.«

»Na, da bin ich wenigstens schrecklich froh, daß ich sie losgeworden bin! Was hältst du davon, wenn du mich nun zu den Edgar Villen begleitetest und dir meinen neuen Hut ansähest? Das wolltest du doch so gern.« Catherine willigte ein; aber sie fügte hinzu: »Vielleicht holen wir dann die beiden jungen Herren ein.«

»Ach, das macht nichts. Wir gehen schnell an ihnen vorbei. Ich brenne doch darauf, dir meinen neuen Hut zu zeigen.«

»Wenn wir aber noch ein paar Minuten warten, laufen wir keine Gefahr mehr, sie überhaupt wiederzusehen.«

»So viel Rücksicht will ich gar nicht auf sie nehmen. Ich beabsichtige nicht, solche Männer mit Achtung zu behandeln. Das hieße sie verwöhnen.«

Gegen solche Gründe hatte Catherine nichts einzuwenden. Um Miss Thorpes Unabhängigkeit zu beweisen und das andere Geschlecht zu demütigen, machten sie sich sogleich auf den Weg und schritten schnellen Schrittes davon, um den beiden jungen Leuten zu folgen.

Die Abtei von Northanger, S. 40f.

Lady Middleton war von Mrs. Dashwood gleichermaßen angetan. Beiden war ein kaltherziger Egoismus zu eigen, der sie einander anziehend machte, und es gehörte auch zu ihren Gemeinsamkeiten, daß sie auf abgeschmackte Etikette hielten und sich durch einen umfassenden Mangel an Intelligenz auszeichneten.

Verstand und Gefühl, S. 280

Schöne Menschen

Mein schwarzes Käppchen wurde öffentlich von Mrs. Lefroy bewundert und heimlich von allen anderen im Saal.

J. A. an Cassandra, 24.-26. Dezember 1798

Blumen werden sehr viel getragen, und Obst ist noch mehr in Mode. Elizabeth hat einen Bund Erdbeeren, und ich habe schon Trauben, Kirschen, Pflaumen und Aprikosen gesehen. Beim Obsthändler gibt es auch Mandeln und Rosinen, Dörrpflaumen und Tamarinden, aber auf Hüten habe ich noch keine gesehen.

J. A. an Cassandra, 2. Juni 1799

Obwohl Du mir volle Verfügungsgewalt in Sachen Hutdekoration gegeben hast, kann ich mich nicht entscheiden. – Wir waren in dem billigen Geschäft, und fanden es in der Tat sehr billig, aber sie fertigen dort nur Blumen, keine Früchte [...] Ich kann mir nicht helfen, aber ich finde es natürlicher, wenn Blumen aus dem Kopf wachsen statt Obst. Was meinst Du dazu?

J. A. an Cassandra, 11. Juni 1799

Mrs. Powlett war so teuer wie nackt gekleidet; wir waren so glücklich, den Preis für ihre Spitzen und ihren Musselin schätzen zu dürfen, und sie sagte zu wenig um uns weiteren Gesprächsstoff zu liefern.

J. A. an Cassandra, 8. Januar 1801

Schließlich war geklärt, an welcher Stelle der Dose Elfenbein, Gold und Perlen eingearbeitet werden sollten, und nachdem der Gentleman den Tag genannt hatte, bis zu welchem er äußerstenfalls ohne die Zahnstocherdose noch weiterleben könne, zog er mit gemächlicher Sorgfalt seine Handschuhe an, schenkte den Misses Dashwood noch einen Blick, der jedoch Bewunderung eher zu erheischen als auszudrücken schien, und ging mit der glücklichen Miene echter Selbstgefälligkeit und gekünstelter Gleichgültigkeit von dannen.

Verstand und Gefühl, S. 270

Das Schlimmste an Bath war die große Anzahl häßlicher Frauen. Er wollte damit zwar nicht sagen, daß es keine hübschen Frauen gebe; aber die häßlichen überwögen bei weitem. Auf seinen Spaziergängen hatte er wiederholt festgestellt, daß einer hübschen Frau mindestens dreißig oder fünfunddreißig Greuel folgten. In einem Geschäft in der Bondstreet beobachtete er einmal nicht weniger als siebenundachtzig vorübergehende Frauen, unter denen nicht eine einzige ein erträgliches Gesicht aufwies. [...] Und die Männer erst! Sie waren noch viel schlimmer! Gleich Vogelscheuchen bevölkerten sie die Straßen! An der Wirkung, die ein gutaussehender Mann hervorrief, war deutlich zu erkennen, wie wenig die Frauen an einen solchen Anblick gewöhnt waren.

Sir Walter Elliot in *Anne Elliot*, S. 155

Ohne Zögern erklärte Sir Walter, der Admiral sei der ansehnlichste Seemann, dem er je begegnet sei, und verstieg sich sogar zu dem Ausspruch, wenn sein eigener Kammerdiener seine Frisur machen würde, könne er getrost mit dem Admiral in der Öffentlichkeit erscheinen. Mit verständnisvoller Freundlichkeit bemerkte andererseits der Admiral zu seiner Frau, als sie durch den Park heimwärts fuhren: »Ich erwartete, daß wir bald einig würden, meine Liebe, trotz allem, was man uns in Taunton erzählt hat. Der Baronet hat zwar das Pulver nicht erfunden, aber er scheint nicht uneben zu sein« – gegenseitige, gleichwertige Schmeicheleien.

Anne Elliot, S. 39

Sublime Formen der Balz

Du kannst Mary ausrichten, daß ich ihr Mr. Hartley mit all seinen Besitztümern zur alleinigen Verfügung vermache; und nicht nur ihn, sondern alle meine anderen Verehrer auch, wo immer sie ihr über den Weg laufen mögen, und sogar den Kuß, den C. Powlett mir geben wollte, denn in Zukunft werde ich mich ganz Mr. Lefroy widmen, aus dem ich mir rein gar nichts mache.   J. A. an Cassandra, 14./15. Januar 1796

Zwischen Mr. Papillon und Miss Terry konnte ich nichts Vielversprechendes entdecken. Zuerst setzte sie sich neben ihn, aber Miss Benn bat sie, weiter aufzurükken. Als ihr Teller leer war, mußte sie ihn sogar zweimal bitten, ihr noch etwas Hammelfleisch aufzulegen und dann immer noch eine Weile warten, bis er sich endlich bequemte. Dahinter mag natürlich Absicht stecken; vielleicht glaubt er, ein leerer Magen fördere die Liebe.
          J. A. an Cassandra, 24. Januar 1813

Mary verließ, ohne weitere Weisungen abzuwarten, sogleich das Zimmer und kehrte mit dem schönsten und liebenswürdigsten jungen Mann zurück, den ich je zu Gesicht bekommen hatte. Den Diener behielt sie selber.   *Liebe u. Freundschaft*, S. 12

»Schönes Wetter, meine Damen.« Dann sagte er zu Mary: »So, Miss Stanhope. Ich hoffe, Sie sind endlich zu einem Entschluß gelangt u. werden die Güte besitzen, mir mitzuteilen, ob Sie geruhen, mich zu ehelichen oder nicht.«

»Sir, mich dünkt« (erwiderte Mary) »Sie hätten dies vornehmer ausdrücken können. Ich weiß nicht, ob ich Sie nehmen soll, wenn Sie sich so wunderlich aufführen.«

»Mary!« (sagte meine Mutter.) »Aber Mama, wenn er sich so widerwärtig beträgt...«

»Sei still, Mary, du sollst zu Mr. Watts nicht unartig sein.«

»Madame, ich bitte Sie, Miss Stanhope keinerlei Zwang aufzuerlegen oder sie zur Höflichkeit anzuhalten. So Sie nicht belieben sollten, meinen Antrag anzunehmen, werde ich ihn anderweitig machen, denn ich gebe Ihnen keineswegs vor Ihren Schwestern den Vorzug, u. es ist mir völlig gleichgültig, welche von Ihnen dreien ich heirate.« Pfui über den Elenden! Sophy errötete vor Empörung, u. ich war voller Gehässigkeit.

»Nun gut« (sagte Mary in verdrießlichem Tom) »dann nehme ich Sie, wenn es sein muß.«

Die drei Schwestern, S. 17f.

»Aber ich wollte noch etwas sagen, Miss Morland. Ich werde in Kürze nach Fullerton kommen, um meine Aufwartung zu machen, wenn es nicht unerwünscht ist.«

»Bitte, tun Sie es nur. Meine Eltern werden sich freuen, Sie kennenzulernen.«

»Und ich hoffe – ich hoffe zuversichtlich, Miss Morland, *Sie* werden nicht bedauern, mich wiederzusehen.«

»O du liebe Zeit, nicht im geringsten. Es gibt nur wenig Menschen, die ich nicht gern sehe. Gesellschaft bringt immer Unterhaltung.«

Die Abtei von Northanger, S. 128

»Ihr ungleicher Gesundheitszustand hindert sie leider daran, sich in der Stadt aufzuhalten, wodurch der britische Hof seines hellsten Sternes beraubt wird, wie ich selbst Lady Catherine vor einiger Zeit sagte. Ihre Gnaden schien an dieser Vorstellung Gefallen zu finden; und Sie werden verstehen, wie glücklich ich bin, gelegentlich diese kleinen, zarten Schmeicheleien anbringen zu können, die den Damen doch immer wohltun.«
[...]
»Sie urteilen sehr treffend«, sagte Mrs. Bennet, »und Sie können sich glücklich preisen, die Gabe zu besitzen, mit Takt zu schmeicheln. Darf ich fragen, ob diese reizenden Höflichkeiten aus der Eingebung des Augenblicks entstehen oder auf vorheriges Studium zurückzuführen sind?«
»Im großen und ganzen ergeben sie sich aus den Umständen, doch unterhalte ich mich gelegentlich auch damit, solche kleinen Annehmlichkeiten zusammenzustellen, die leicht angewandt werden können.

Mr. Collins in *Stolz und Vorurteil*, S. 79

Ich will mir keine stärkeren Gefühle einreden, als wirklich vorhanden sind. Ich bin ohnehin schon genügend verliebt; mehr davon wäre nicht gut.

Emma Woodhouse in *Emma*, S. 341

»Ach ja, es ist wirklich eine recht böse Geschichte! Und eine ganz neue Art von Minnedienst für einen jungen Mann, seiner Herzensdame die Hirnschale zu zertrümmern! Ist es nicht so, Miss Elliot? Erst den Schädel einschlagen und dann ein Pflaster auflegen!«

Admiral Croft in *Anne Elliot*, S. 138

Sir Edwards großer Ehrgeiz im Leben war es, unwiderstehlich zu sein. Mit so vielen persönlichen Vorzügen, wie er sie besaß und deren er sich bewußt war, und solchen Talenten, die er zu besitzen sich einbildete, betrachtete er es sozusagen als eine Ehrensache. Er fühlte sich dazu geschaffen, ein gefährlicher Mann, ganz in der Art solcher Lovelaces zu sein. Schon der Name Sir Edward, meinte er, trage bereits einen gewissen Grad von Faszination in sich.

Sanditon, S. 223

Liebe und Ehe

Mr. Richard Harvey wird heiraten, aber das ist ein gro-ßes Geheimnis, und nur die halbe Nachbarschaft weiß es; also sprich nicht darüber.

J. A. an Cassandra, 5. September 1796

Dr. Gardiner wurde gestern Mrs. Percy und ihren drei Töchtern angetraut.

J. A. an Cassandra, 11. Juni 1799

Ich bekam einen sehr liebenswürdigen Brief von Buller. Ich hatte schon befürchtet, er werde mich mit seiner Glückseligkeit und seiner Liebe zu seiner Frau belästi-gen, aber das war nicht der Fall. Er nennt sie einfach nur Anna ohne engelhafte Ausschmückung, wofür ich ihm zu Dank verpflichtet bin und Glück wünschen darf.

J. A. an Cassandra, 8. November 1800

Apropos Ehe muß ich Dir von einer Heiratsanzeige in der Zeitung von Salisbury erzählen, die mich sehr amüsiert hat: Dr. Phillot und Lady Frances St. Lawrence. *Sie* wollte wahrscheinlich einmal in ihrem Leben einen Mann bekommen, und *er* eine Lady Frances.

J. A. an Cassandra, 24. Oktober 1808

Mrs. Knight kann sich darauf verlassen, ich werde Mr. Papillon heiraten, wie groß sein oder mein Widerwillen auch sein mag. Diesen kleinen Gefallen schulde ich ihr. J. A. an Cassandra, 9. Dezember 1808

Lady Sondes Eheschließung überrascht, aber brüskiert mich nicht. Wenn ihre erste eine Liebesheirat gewesen wäre oder wenn sie eine große Tochter gehabt hätte, könnte ich ihr nicht vergeben, aber ich glaube, daß jeder das Recht hat, einmal im Leben aus Liebe zu heiraten, und vorausgesetzt sie hört nun mit ihren Kopfschmerzen und ihrem sentimentalen Getue auf, kann ich ihr erlauben, kann ich ihr wünschen, glücklich zu werden.

J. A. an Cassandra, 27./28. Dezember 1808

Ihr alle, die wohlauf genug seid, um zu sehen, werdet nun Euer Urteil über Mrs. John Butler sprechen: Ist sie hübsch? Ist sie's nicht? Das ist die schwierige Frage. Glückliche Frau. Den Blicken der ganzen Nachbarschaft ausgesetzt zu sein als die Braut eines derart schlichten und rotgesichtigen jungen Mannes.

J. A. an Martha Lloyd, 29./30. November 1812

Hast Du in der Zeitung gelesen, daß sich Mr. Blackall mit einer Miss Lewis verheiratet hat? [...] Ich erinnere mich seiner als eines Stücks Vollkommenheit, geräuschvoller Vollkommenheit. [...] Ich wünschte mir, daß Miss Lewis von stiller Art und eher unwissend ist, aber von Natur aus intelligent und gewillt zu lernen – mit einer Vorliebe für kalte Kalbfleischpasteten, grünen Tee am Nachmittag und einem grünen Rollo nachts vor dem Fenster. J. A. an Francis Austen, 3.-6. August 1813

Welch ein Verlust wird das sein, wenn Du heiratest. Du bist einfach zu liebenswürdig so, wie du jetzt bist, unverheiratet, zu liebenswürdig als Nichte. Ich werde Dich verabscheuen, wenn Dein köstlicher lebhafter Geist sich über ehelichen und mütterlichen Gefühlen zur Ruhe setzen wird.

J. A. an Fanny Knight, 20. Februar 1817

Meine liebe Fanny, ich kann nicht ertragen, daß Du seinetwegen unglücklich sein solltest. Denk an seine Grundsätze, an den Widerstand seines Vaters, das fehlende Geld, eine unflätige Mutter, Brüder und Schwestern wie Pferde und geflickte Bettlaken.

J. A. an Fanny Knight, 20. Februar 1817

Im selben Augenblick, da sie erste Kenntnis von dieser Neigung erhielt, eilte sie zu Frederic, und in wahrhaft heroischer Manier gab sie unumwunden ihre Absicht zu erkennen, ihn am nächsten Tag zu heiraten. Jemandem, welcher in einer solch mißlichen Lage über weniger Mut als Frederic verfügt hätte, wären diese Worte einem Todesurteil gleichgekommen; er jedoch erwiderte nicht im geringsten erschrocken, kühnen Mutes: »Verdammt, Elfrida, *du* magst morgen heiraten, *ich* aber werde es nicht tun.«

Frederic und Elfrida, S. 231

Alle Wünsche Carolines richteten sich auf einen Ehemann von Adel, während in Sukey soviel überlegene Vortrefflichkeit nur Neid, nicht aber Liebe wecken konnte und Cecilia sich selbst allzu zärtlich zugetan war, um daneben noch jemand anderen wertzuschätzen.

Jack und Alice, S. 236

Eines Abends, als Alice vom Wein etwas erhitzt war (ein keineswegs unüblicher Vorfall), beschloß sie, im Gespräch mit der klugen Lady Williams Erleichterung für ihren verwirrten Kopf und ihr liebeskrankes Herz zu suchen.

Sie fand Mylady zu Hause vor [...]

»Nur allzu deutlich erkenne ich, meine liebe Miss Johnson, daß Euer Herz dem fesselnden Zauber dieses jungen Mann nicht zu widerstehen vermochte, und ich bedaure Sie aufrichtig. Ist es Ihre erste Liebe?«

»So ist es.«

»*Dies* zu hören bekümmert mich noch mehr.[...] Eine zweite Liebe geht man selten mit ernsthaften Folgen ein; *dagegen* habe ich darum nichts einzuwenden. Hütet Euch vor einer ersten Liebe, und Ihr werdet von einer zweiten nichts zu fürchten haben.«

Jack und Alice, S. 237

Ich schalt ihn, zu Maria Manwaring zärtlich gewesen zu sein; er beteuerte, daß es nur zum Spaß gewesen sei, und beide lachten wir von Herzen über ihre Enttäuschung – mit einem Wort: wir waren sehr vergnügt. Er ist so dumm wie eh und je. –

Mrs. Johnson in *Lady Susan*, S. 26

Ich bin manchmal noch im Zweifel, was das Heiraten betrifft. Wenn der Alte stürbe, würde ich nicht zögern; aber von den Launen Sir Reginalds abhängig zu sein wird der Freiheit meiner Stimmung nicht bekommen.

Susan Vernon in Lady Susan, S. 77

Mrs. Allen gehört zu der weitverbreiteten Gattung von Frauen, deren Gesellschaft keine andere Empfindung erregt als Erstaunen darüber, daß es auf der Welt Männer gibt, die sie hoch genug schätzen, um sie zu heiraten.

Die Abtei von Northanger, S. 16

Wie sehr sie sich ihrem Wesen und äußerem Benehmen nach auch voneinander unterschieden, so glichen sie sich doch in jenem völligen Mangel an Begabung und Geschmack, der ihren Beschäftigungen [...] sehr enge Grenzen setzte. Sir John Middleton war Jäger, Lady Middleton Mutter.

Verstand und Gefühl, S. 44

Die Erkenntnis, daß er, wie viele seiner Geschlechtsgenossen, aufgrund eines unerklärlichen Vorurteils zugunsten von Schönheit, nun der Ehemann einer strohdummen Frau war, mochte ihn vielleicht innerlich ein wenig verbittert haben – aber sie wußte, daß ein solcher Mißgriff für jeden denkenden Mann allzu gewöhnlich war, um dauernd darunter zu leiden.

Verstand und Gefühl, S. 141

Die Sorge, die zu diesem Zeitpunkt ihrer Liebe Henry, Catherine und deren beiderseitigen Freunde über den schließlichen Ausgang bewegt haben muß, kann sich kaum auf die Herzen meiner Leser übertragen haben, denn sie werden schon längst bemerkt haben, daß wir der vollkommensten Glückseligkeit entgegeneilen.

Die Abtei von Northanger, S. 251

Es ist eine allgemein anerkannte Wahrheit, daß ein Junggeselle, der ein beachtliches Vermögen besitzt, zu seinem Glück nur noch einer Frau bedarf. Wie wenig man auch über die Gefühle und Ansichten eines solchen Mannes weiß, wenn er zum erstenmal in eine Gegend kommt, ist diese Wahrheit doch so fest in den Köpfen der ansässigen Familien verankert, daß er als das rechtmäßige Eigentum der einen oder anderen ihrer Töchter betrachtet wird.

Stolz und Vorurteil, S. 9

»Denke dir, mein Lieber, Mrs. Long hat mir berichtet, daß Netherfield von einem jungen, vermögenden Mann aus dem Norden übernommen wurde; er fuhr am Montag vierspännig vor, um die Besitzung anzusehen, und war so entzückt davon, daß er sofort mit Mr. Morris einig wurde. Er will noch vor Michaelis einziehen, und schon Ende nächster Woche siedelt ein Teil seiner Dienerschaft über.« ·

»Wie heißt er denn?«

»Bingley.«

»Ist er verheiratet oder ledig?«

»Oh, selbstverständlich ledig, mein Lieber! Ein Junggeselle mit einem großen Vermögen: vier- oder fünftausend im Jahr. Wie herrlich für unsere Mädchen!«

»Wieso? Was haben unsere Mädchen damit zu tun?«

»Mein lieber Mr. Bennet«, entgegnete seine Frau, »wie kannst du nur so schwerfällig sein! Natürlich beseelt mich nur der eine Wunsch, daß er eine von ihnen heirate.«

»Läßt er sich aus diesem Grund hier nieder?«

[…] »Mein Lieber, du mußt Mr. Bingley wirklich einen Besuch abstatten, wenn er unser Nachbar wird.«

»Das ist mehr als ich versprechen kann.«

[…]

»Ich bin überzeugt, Mr. Bingley wird dich nur zu gern begrüßen, und ich will dir ein paar Zeilen an ihn mitgeben, aus denen er mein herzliches Einverständnis zur Heirat mit *der* Tochter entnehmen mag, die er sich aussuchen wird.«

Mrs. und Mr. Bennet in Stolz und Vorurteil, S. 9f.

»Ich bin überzeugt, sie würde, wenn sie ihn schon morgen heiratete, ebenso glücklich mit ihm, als wenn sie seinen Charakter erst noch ein ganzes Jahr lang prüfen könnte. Glück in der Ehe ist reiner Zufall […] Sie werden sich immer in verschiedene Richtungen entwickeln und dadurch Unstimmigkeiten hervorrufen; darum sollte man die Fehler des Menschen, mit dem man sein Leben verbringen wird, so wenig wie möglich kennen.«

Charlotte Lucas in Stolz und Vorurteil, S. 30

Sie bemerkte auch mit Genugtuung, daß diese Zuneigung nicht entdeckt würde, weil Janes ausgeglichene Freundlichkeit und Selbstbeherrschung sie trotz ihrer Gefühlstiefe vor jeder Verdächtigung durch Böswillige bewahrte. Elizabeth sprach darüber mit ihrer Freundin Miss Lucas.

»Das mag vielleicht ganz angenehm sein«, erwiderte Charlotte, »wenn man der Öffentlichkeit in einem solchen Fall etwas vormachen kann; aber manchmal gereicht so viel Beherrschung auch zum Nachteil. Wenn eine Frau ihre Liebe mit gleichem Geschick dem Gegenstand ihrer Zuneigung verbirgt, kann er ihr entgleiten; und dann ist es nur ein schwacher Trost, daß die Welt ebenso im dunkeln tappt.

Stolz und Vorurteil, S. 28ff.

»Soll er doch sein Glück versuchen und sich einfangen lassen. Es kommt sowieso auf dasselbe heraus. Früher oder später fällt jeder herein.«

»In der Ehe nicht immer, liebe Mary.«

»Gerade in der Ehe. Mit allem gebührenden Respekt vor den Anwesenden, die zufällig verheiratet sind, meine liebe Schwester, bei beiden Geschlechtern gibt es nicht einen unter hundert, der nicht hereinfällt, wenn er heiratet. Wohin ich auch blicke – ich sehe, daß es so *ist*, und ich habe das Gefühl, es *muß* so sein, wenn ich bedenke, daß die Ehe von allen Geschäften dasjenige ist, bei dem die Menschen am meisten voneinander erwarten und selbst am wenigsten aufrichtig sind.«

Mansfield Park, S. 60f.

Alle wichtigen Vorbereitungen, die ihr Seelenleben betrafen, hatte sie bereits abgeschlossen: durch einen Haß auf ihr Elternhaus mit all seinen Zwängen und seiner ruhigen Einförmigkeit, durch den tiefen Schmerz enttäuschter Liebe und durch die Verachtung des Mannes, den sie heiraten sollte, war sie auf die Ehe vorbereitet.

Maria Bertram in Mansfield Park, S. 245f.

Sie war nicht dazu zu bewegen, Mr. Crawford zu verlassen. Sie hoffte, er werde sie heiraten, und so lebten sie weiter zusammen, bis sie sich zu der Einsicht durchringen mußte, daß diese Hoffnung vergeblich war, und bis die daraus erwachsende Enttäuschung und Niedergeschlagenheit ihre Laune so sehr verschlechterten und ihre Gefühle für ihn so sehr in Haß verkehrten, daß sie sich gegenseitig das Leben zur Hölle machten und sich dann freiwillig trennten. [...] Mr. Rushworth begegnete keinerlei Schwierigkeiten, die Scheidung herbeizuführen; und so endete eine Ehe, die unter Umständen geschlossen worden war, bei denen man ohnehin nicht mit einem besseren Ausgang, es sei denn durch einen enormen Glücksfall, hatte rechnen können.

Mansfield Park, S. 567

Beim Betreten der Bibliothek rief sie aus: »O Mr. Bennet! Man braucht dich dringend, wir sind alle in großer Aufregung. Du mußt Lizzy dazu bringen, Mr. Collins zu heiraten, denn sie will ihn nicht haben, und wenn du dich nicht beeilst, könnte er anderen Sinnes werden und *sie* nicht mehr wollen.«

Mr. Bennet schaute von seinem Buch auf, heftete seine Augen mit ruhigem Gleichmut auf ihr Gesicht und ließ sich durch ihre Mitteilung nicht im geringsten aus der Ruhe bringen.

»Ich habe nicht das Vergnügen, dich zu verstehen«, sagte er, als sie ihre Rede beendet hatte. »Wovon sprichst du?«

»Von Mr. Collins und Lizzy. Sie erklärt, daß sie Mr. Collins nicht will, und Mr. Collins schwankt schon, ob er Lizzy will.«

»Und was soll ich bei dieser Sache tun? Es scheint mir ein hoffnungsloser Fall.«

»Sprich mit Lizzy darüber. Sag ihr, daß du auf der Heirat bestehst.«

[...]

»Wir kommen jetzt zur Sache. Deine Mutter besteht darauf, daß du [den Heiratsantrag] annimmst. Ist es nicht so, Mrs. Bennet?«

»Ja, oder ich will sie nie wieder sehen.«

»Elizabeth, du stehst vor einer unseligen Wahl. Vom heutigen Tage an mußt du für einen Teil deiner Eltern eine Fremde sein. Deine Mutter will dich nicht mehr sehen, wenn du Mr. Collins *nicht* heiratest, und ich will dich nicht mehr sehen, wenn du es *tust*.«

Stolz und Vorurteil, S. 124f.

Es entsprach Mr. Bennet jedoch nicht, Linderung für die Enttäuschung, die seine eigene Unvernunft ihm eingetragen hatte, in einer der Vergnügungen zu suchen, in denen die Unglücklichen nur zu oft für ihre Albernheit oder ihr Laster Trost finden. Er liebte das Land und die Bücher, und aus diesen Neigungen nahm er seinen Zeitvertreib. Seiner Frau hatte er nicht mehr zu danken, als daß ihre Unwissenheit und Torheit zu seiner Erheiterung beigetragen hatte. Das ist aber im allgemeinen nicht das Glück, welches ein Mann seiner Frau danken möchte, aber wo es keine anderen Möglichkeiten gibt, wird der wahre Philosoph das nehmen, was er findet.

Stolz und Vorurteil, S. 251

Über die Heirat gab es genug zu klatschen, und die wohlmeinenden Wünsche aller boshaften alten Jungfern Merytons für ihr künftiges Glück verloren durch diesen Wandel der Dinge nicht an Herzlichkeit, denn mit solch einem Gatten war ihr Unglück ebenso besiegelt.

Stolz und Vorurteil, S. 316

Wo immer sie erscheint, verliebt sich jemand in sie, und sie erhält wiederholt Heiratsanträge – die sie stets an ihren Vater weiterleitet, höchlichst erbost darüber, daß sie nicht zuerst an *ihn* gerichtet waren.

Entwurf zu einem Roman, S. 205

Emma denkt nie an sich, wenn sie anderen Gutes tun kann«, ließ sich Mr. Woodhouse vernehmen [...] »Aber, mein Liebes, bitte, sei so gut, stifte keine weiteren Ehen mehr, das sind alberne Dinge, und sie bringen nur Kummer und zerstören den häuslichen Frieden.«

Emma, S. 20

Kein Mann, der etwas im Kopf hat, wünscht eine einfältige Ehefrau, da können Sie sagen, was Sie wollen.

Emma, S. 88

Wenn sie bedachte, wie besonders unglücklich der arme Mr. Elton dran war, der sich mit der Frau, die er geheiratet hatte, der Frau, die er hatte heiraten wollen, und der Frau, die er hatte heiraten sollen, in einem Zimmer befand, dann mußte sie ihm schon das Recht zugestehen, nicht gerade geistreich dreinzuschauen ...

Emma, S. 349

Anne Elliot war noch zu jung und zu wenig bekannt, um einem Fremden ohne Vermögen und Verbindung zuzufallen oder durch ihn in kümmerliche, sorgenvolle und jugendtötende Abhängigkeit zu sinken! Das mußte durch wohlmeinende, freundschaftliche Einmischung verhindert werden.

Anne Elliot, S. 34

Eltern und Kinder

Vor zwei Tagen bin ich mit meinem Vater nach Deane gegangen, um Mary zu besuchen, die schwer von Rheuma geplagt ist. Sie wäre es gern los; noch lieber wäre sie ihr Kind los, das sie von Herzen satt ist.

> J. A. an Cassandra [über ihre hochschwangere Schwägerin Mary Austen], 17. November 1798

Wir planen, eine solide Köchin einzustellen und ein albernes Hausmädchen, dazu einen ruhigen Mann in mittleren Jahren, der das doppelte Amt als Ehemann der einen und Liebhaber der anderen zu versehen hat. Kinder sind natürlich von keiner Seite erwünscht.

> J. A. an Cassandra, 3. Januar 1801

Daß sich der liebe itty Dordy an mich erinnert, freut mich; es freut mich ganz unvernünftig, denn ich weiß, daß es bald vorbei sein wird. Meine Zuneigung zu ihm wird haltbarer sei. Mit Zärtlichkeit und Entzücken werde ich mich seines süßen, lächelnden Gesichts und seiner interessanten Gewohnheiten erinnern, bis ihn ein paar Jahre in einen ungezogenen, anmutslosen Flegel verwandelt haben.

> J. A. an Cassandra [über den Neffen little Georgie], 27./28. Oktober 1798

Diese beiden Knaben [die Neffen George und Edward], die mit den Jagdhunden draußen sind, werden heimkommen und mich mit ihrem verwöhnten Tun oder einer Probe ihrer Jagd- und Sportversessenheit anwidern.

J. A. an Cassandra, 11./12. Oktober 1813

Arme Frau, sie wird doch nicht allen Ernstes schon wieder brüten wollen?

J. A. an Cassandra [über eine Mrs. Tilson], 1./2. Oktober 1808

Ich teile Deine Freude über unseren neuen Neffen und hoffe, sollte er jemals aufgehängt werden, daß wir dann zu alt sein werden, um uns darüber zu grämen.

J. A. an Cassandra, 25. April 1811

Anna hat keine Chance zu entkommen. Ihr Mann kam vor ein paar Tagen auf einen kurzen Besuch und sagte, es ginge ihr *ganz gut*, aber einen langen Fußmarsch könne sie nicht auf sich nehmen. [...] Armes Tier, sie wird verbraucht sein, ehe sie dreißig ist. – Sie tut mir so leid. Mrs. Clement ist auch schon wieder schwanger. Ich bin dieser vielen Kinder wirklich über. – Mrs. Benn bekommt ihr dreizehntes.

J. A. an Fanny Knight, 23.-25. März 1817

Der älteste Sohn wurde mit dreizehn Jahren auf die Kadettenanstalt der Royal Navy nach Portsmouth geschickt und heuerte von dort auf einem kleinen Schiff an, das mit einer Flotte nach Neufundland segelte, wo er dank seiner vielversprechenden und liebenswürdigen Art unter den Eingeborenen viele Freunde fand und regelmäßig jeden Monat einen großen Neufundländer Hund zu seiner Familie nach Hause schickte.

The generous curate

Als Sir George und Lady Harcourt das Wirken ihrer Erntearbeiter beaufsichtigten, den Fleiß der einen mit einem Lächeln belohnten und den Müßiggang anderer mit dem Knüppel bestraften, erblickten sie nahebei, unter dem dichten Laub einer Heumiete verborgen, ein wunderschönes kleines Mädchen, nicht älter als drei Monate.

Henry und Eliza, in *Die drei Schwestern*, S. 260

Der General hatte bisher seine Familie beherrscht und war auf Widerwillen nicht vorbereitet. Daher ertrug er den vernünftigen Widerstand seines Sohnes nur schlecht.

Die Abtei von Northanger, S. 249

Zum Glück für diejenigen, die sich solcher Schwächen bedienen, um einer Dame schönzutun, ist eine liebevolle Mutter, auch wenn sie im Bemühen, ihre Kinder gelobt zu sehen, das habgierigste Geschöpf auf der Welt ist, zugleich auch das leichtgläubigste. […] Mit mütterlicher Selbstgefälligkeit sah Lady Middleton all die frechen Übergriffe und boshaften Tricks, denen ihre Cousinen ausgesetzt waren. Sie sah zu, wie man ihnen die Schärpen aufband, Haare über die Ohren herab-

55

zerrte, die Arbeitsbeutel durchsuchte, ihre Messerchen und Scheren stahl, ohne den geringsten Zweifel zu empfinden, daß beide Seiten sich daran erfreuten.

Verstand und Gefühl, S. 150

Wenige Tage nach dieser Begegnung gaben die Zeitungen der Welt bekannt, daß die Gemahlin Thomas Palmers, Esquire, glücklich von einem Sohn und Erben entbunden worden sei – eine sehr interessante und befriedigende Nachricht, zumindest für alle näheren Bekannten, die es schon vorher gewußt hatten.

Verstand und Gefühl, S. 300

Nach angemessenem Widerstand seitens Mrs. Ferrars', der gerade so heftig und beharrlich war, daß er sie vor dem Vorwurf bewahrte, dem sich auszusetzen sie stets zu fürchten schien, dem Vorwurf nämlich, zu liebenswürdig zu sein, wurde Edward wieder bei ihr vorgelassen und als ihr Sohn anerkannt. Ihre Familie war in der letzten Zeit außerordentlichen Schwankungen ausgesetzt gewesen. Viele Jahre ihres Lebens hindurch hatte sie zwei Söhne gehabt; aber da Edward jenes Verbrechen beging [sich unstandesgemäß zu verloben] und in ihrem Gedächtnis ausgelöscht wurde, war sie des einen beraubt worden; aufgrund der ganz ähnlichen Eliminierung Roberts hatte sie vierzehn Tage lang überhaupt keinen Sohn, und jetzt hatte sie durch die Wiederbelebung Edwards zumindest wieder *einen*.

Verstand und Gefühl, S. 459

Mr. Bennet hatte so recht ihre Bedeutung im Familien-
kreis gespürt, denn unter Janes und Elizabeths Abwesenheit hatte die Abendunterhaltung viel an Lebhaftig-
keit eingebüßt und entbehrte fast jeden Sinnes.

Stolz und Vorurteil, S. 72

Später begaben sie sich in Mrs. Bennets Boudoir, wo
sie, ihren Erwartungen gemäß, mit Tränen und Wehkla-
gen, mit Schmähungen gegen Wickham und mit Jam-
mer über ihr eigenes Befinden empfangen wurden. Mrs.
Bennet tadelte jeden, nur den einen Menschen nicht,
auf dessen unverzeihliche Nachsicht hauptsächlich die
Fehler ihrer Töchter zurückzuführen waren.

Mrs. Bennet [über die Entführung ihrer Tochter Lydia
durch Mr. Wickham] in *Stolz und Vorurteil*, S. 292

»Du meinst es gut. Die menschliche Natur neigt nur
zu sehr dazu, eigene Nachsicht zu üben. Nein, Lizzy,
laß mich nur einmal in meinem Leben fühlen, wie hart
ich zu tadeln bin. Dieses Gefühl wird mich schon nicht
überwältigen und früh genug wieder vergehen.«

Mr. Bennet zum selben Thema in
Stolz und Vorurteil, S. 305

Mrs. Musgrove hatte einen beachtlichen, wohlgefälli-
gen Umfang und war von Natur viel mehr dazu erschaf-
fen, Heiterkeit und gute Laune statt Zärtlichkeit und
Empfindsamkeit zu verbreiten [...] Es gereichte Kapitän
Wentworth zur Ehre, mit welcher Selbstbeherrschung
er sich Mrs. Musgroves breiten, fetten Seufzern über

das Schicksal ihres Sohnes widmete, um den sich zeit seines Lebens niemand gekümmert hatte.

Anne Elliot, S. 77

Verschiedene Gefühle

Miss Jackson wird den jungen Mr. Gunthorpe heiraten und sehr unglücklich werden. Er flucht, trinkt, ist verdrießlich, eifersüchtig, selbstbezogen und brutal. Die Folge davon: *Ihre* Familie ist entsetzt über die Verbindung, und *er* wurde von der seinen enterbt.

J. A. an Cassandra, 8./9. Februar 1807

Die Webbs sind wirklich fort. Als ich die Wagen vor der Tür stehen sah und an die ganzen Umstände dachte, die der Umzug für sie bedeutete, begann ich mir Vorwürfe zu machen, daß ich sie nicht besser hatte leiden mögen – aber seit die Wagen verschwunden sind, hat sich auch mein Gewissen beruhigt und ich bin außerordentlich froh, daß sie weg sind.

J. A. an Anna Austen, 28. November 1814

»Sie waren in der Tat eine äußerst bezaubernde Familie und haben in meinen Augen nicht ihresgleichen auf der Welt; die Nachbarn, die nun im Pfarrhaus wohnen, nehmen sich als ihre Nachfolger verständlicherweise nicht allzu günstig aus.«
»Oh! Die elenden Wichte! Mich wundert, daß Sie sie ertragen können.«
»Was würden Sie an meiner Stelle tun?«
»Oh, meiner Treu, wenn ich an Ihrer Stelle wäre, würde ich den lieben langen Tag schlecht über sie sprechen.«
»Das tue ich wohl, doch es nützt mir wenig.«

»Ich kann gar nicht sagen, wie infam ich es finde, daß solche Menschen sich ihres Lebens freuen dürfen. Ich wünschte, mein Vater könnte sich bereitfinden, sie allesamt grün und blau zu schlagen, wenn er erst da sein wird.«

Catharine oder Die Laube, S. 159

Es ist doch merkwürdig, daß zwei schöne Frauen nicht unter einem Dach weilen können, ohne über ihr Aussehen zu zanken – sogar als Mutter und Tochter.

Lesley Castle, S. 90

Von dieser Zeit an wurde der Umgang zwischen den Familien Fitzroy, Drummond und Falknor von Tag zu Tag vertraulicher, bis er schließlich so vertraulich war, daß sie sich nichts dabei dachten, einander beim geringsten Anlaß aus dem Fenster zu werfen.

Frederic und Elfrida, S. 225

Erst am nächsten Morgen erinnerte Charlotte sich an die doppelte Verlobung, die sie eingegangen war; doch als sie dies tat, bewirkte der Gedanke an die Torheit, die sie begangen, einen so starken Eindruck, daß sie beschloß, eine noch größere zu begehen, und sich zu diesem Zweck in einen tiefen Strom stürzte, der durch den Lustgarten ihrer Tante am Portland Place floß. Sie wurde vom Wasser nach Crankhumdunberry getragen, wo man sie herausfischte und begrub.

Frederic und Elfrida, S, 228

Schreiben Sie mir, daß Sie sich meinen Argumenten beugen und mir keine Vorwürfe machen, weil ich solche vorgebracht habe. Ich kann keine Vorwürfe ertragen. Meine Lebensgeister sind nicht so gehoben, als daß sie niedergedrückt werden müßten.

Susan Vernon in Lady Susan, *S. 80*

Obwohl Lady Middletons Benehmen gegenüber Elinor und Marianne gar nicht höflicher hätte sein können, mochte sie die beiden eigentlich überhaupt nicht. Weil sie weder ihr noch ihren Kindern schmeichelten, konnte sie sie unmöglich nett finden, und weil sie gerne lasen, hielt sie sie für satirisch – vielleicht ohne genau zu wissen, was man unter satirisch zu verstehen habe.

Verstand und Gefühl, S. 301

Lucys gesamtes Verhalten in dieser Angelegenheit und der Erfolg, von dem es gekrönt war, mag als ein höchst ermutigendes Beispiel dafür angesehen werden, was eine ernsthaft und stetig betriebene Verfolgung des eigenen Interesses [...] ausrichten wird, um sich alle Vorteile eines stattlichen Vermögens zu sichern, ohne daß dabei mehr als Zeit und Gewissen geopfert werden müßten.

Verstand und Gefühl, S. 463

»Wozu sind wir wohl da, als uns über unsere Nachbarn lustig zu machen und über sie zu lachen?«

Mr. Bennet in Stolz und Vorurteil, *S. 375*

Lady Bertram [...] gehörte zu den Menschen, die meinen, nichts sei für irgend jemanden gefährlich, schwierig oder anstrengend – außer für sie selbst.

Mansfield Park, S. 44

»Egoismus muß man ja immer verzeihen, weil schließlich keine Hoffnung besteht, davon geheilt zu werden.«

Mary Crawford in *Mansfield Park*, S. 88

»Diese Kapelle, so wie Sie sie jetzt sehen, wurde zur Zeit Jakobs II. ausgestaltet. [...] Die Andachten hielt stets der Hauskaplan, woran sich noch viele erinnern. Aber der selige Mr. Rushworth hat diesen Brauch abgeschafft.«
»Jede Generation trägt auf ihre Weise zum Fortschritt bei«, sagte Miss Crawford lächelnd zu Edmund.

Mansfield Park, S. 110

Maria, um die sich nur Mr. Rushworth bemühte, [war] dazu verurteilt, die immer gleichen Details seines täglichen Jagdglücks oder -pechs anzuhören, die Prahlerei mit seinen Hunden, seinen Neid auf die Nachbarn, seine Zweifel an ihren jagdlichen Fähigkeiten und sein Eifer gegen die Wilderer – Gesprächsgegenstände, die dem weiblichen Empfinden stets fremd bleiben werden, sofern nicht ein gewisses Talent auf der einen Seite oder eine gewisse Zuneigung auf der anderen vorhanden ist.

Mansfield Park, S. 145

»Ich hatte mir [...] tatsächlich eine sehr günstige Meinung von dir gebildet. [...] Ich hatte gemeint, gerade du seist frei von Eigensinn, Überheblichkeit und jenem Hang zu geistiger Unabhängigkeit, der heutzutage so überhandnimmt, sogar bei jungen Frauen, und der bei jungen Frauen derart empörend und widerwärtig ist, daß er alles, was sonst Anstoß erregt, in den Schatten stellt. [...] Laß das Weinen, das schwächt dich nur. Wenn du dich mir gegenüber, wie ich doch annehmen möchte, ehrerbietig zeigen willst, dann gibst du dieser Gefühlsregung nicht nach, sondern bemühst dich um eine robustere Gemütsverfassung.«

Sir Thomas Bertram zu Fanny Price in Mansfield Park, S. 385

Das Hochgefühl, das ihn bei dem Gedanken überkam, in Fanny als zukünftiger Schwiegertochter eine große Errungenschaft gemacht zu haben, stand zu seiner früheren Meinung über das Thema [...] – all das stand in einem solchen krassen Gegensatz, wie ihn die Zeit seit jeher immer aufs neue zwischen den Plänen und den Entscheidungen der Sterblichen erzeugt – ihnen selbst zur Lehre und der Nachbarschaft zur Unterhaltung.

Mansfield Park, S. 577

Körperliche Größe und seelischer Kummer stehen selbstverständlich in keinem inneren Zusammenhang. Ein großer massiger Körper hat das gleiche Recht, sich tiefem Kummer hinzugeben, wie die wohlgestaltetste, zierliche Figur auf Erden. Aber ob schön oder unschön, es gibt Verbindungen, welche die Vernunft vergeblich zu ertragen sucht, die der Geschmack nicht duldet und deren sich der Spott bemächtigt.

Anne Elliot, S. 77

»Erinnern Sie sich an Scotts schöne Zeilen über das Meer?« fragte er. »Oh, dieses Bild, das sie vermitteln! Sie gehen mir nie aus dem Sinn, wenn ich hier wandle. Der Mensch, der sie gleichgültig lesen kann, muß die Nerven eines Mörders haben! Bewahre mich der Himmel davor, einem solchen Menschen unbewaffnet zu begegnen!«

»Welche Beschreibung meinen Sie denn?« fragte Charlotte. »Im Augenblick kann ich mich in keinem von Scotts Gedichten an eine Beschreibung des Meeres erinnern.«

»Tatsächlich nicht? Auch ich kann mich im Augenblick nicht genau an den Anfang erinnern. Aber – Sie können unmöglich seine Beschreibung der Frau vergessen haben – *Oh! Weib in unsern Stunden der Muße* – Deliziös! Deliziös! Und hätte er nichts weiter geschrieben – er wäre auch dann unsterblich [...] Wenn Scott einen Fehler *hat*, ist es sein Mangel an Leidenschaft – zart, elegant und anschaulich, aber *zahm*. Der Mann, der den Vorzügen der Frau nicht gerecht werden kann, ist für mich das Letzte.

Sir Edward Denham in *Sanditon*, S. 211ff.

Streit

Schließlich ging er weg, ebenso tief verärgert wie ich selbst, doch zeigte er seinen Zorn *mehr* als ich. Ich war ganz kühl, aber er ließ seinem überaus heftigen Ärger freien Lauf. Daher darf ich erwarten, daß er früher abklingen und vielleicht sogar ganz vergehen wird, wenn der meine noch frisch und unversöhnlich sein wird.

Susan Vernon in *Lady Susan*, S. 57

»Oh, mein Liebling«, rief Mrs. Palmer ihrem Mann zu, der gerade das Zimmer betrat. »Du mußt mir helfen, die Misses Dashwood zu überreden, daß sie diesen Winter in die Stadt kommen.«

Ihr Liebling gab keine Antwort, und nachdem er sich knapp vor den Damen verbeugt hatte, fing er an, über das Wetter zu klagen. [...]

»Mein Lieber, du widersprichst jedem«, sagte seine Frau mit dem üblichen Lächeln. »Weißt du nicht, daß du ausgesprochen grob bist?«

»Ich wußte nicht, daß ich irgend jemandem widersprach, als ich deiner Mutter eine schlechte Kinderstube unterstellte.«

»Nur zu, beschimpfen Sie mich ruhig, wie Sie wollen«, sagte die gutmütige alte Dame, »Sie haben mir Charlotte aus der Hand genommen und können sie mir nicht wieder zurückbringen. So habe ich wenigstens auf diesem Gebiet die Oberhand über Sie.«

Bei dem Gedanken, daß ihr Mann sie nicht mehr loswerden könne, lachte Charlotte herzlich und sagte triumphierend, es kümmere sie nicht, wie abweisend er zu ihr sei, da sie nun einmal miteinander leben müßten. Niemand konnte gutmütiger sein als Mrs. Palmer, niemand entschlossener, glücklich zu sein. Die vorsätzliche Gleichgültigkeit, Unverschämtheit und Unzufriedenheit ihres Gemahls bereitete ihr keinen Kummer: und es belustigte sie, wenn er sie schalt oder beschimpfte. »Mr. Palmer ist so drollig!« flüsterte sie Elinor zu. »Er hat immer schlechte Laune.«

Verstand und Gefühl, S. 140

Elinor stimmte allem zu, denn sie war der Meinung, er verdiene es nicht, wenn man ihm das Kompliment eines berechtigten Widerspruchs machte.

Verstand und Gefühl, S. 308

»Miss Bennet«, erwiderte Ihre Gnaden in sehr verärgertem Ton, »Sie sollten wissen, daß man mit mir nicht spaßt. Aber wie unaufrichtig *Sie* auch immer sein mögen, *mich* sollen Sie nicht so finden. [...] Vor zwei Tagen erreichte mich ein Bericht von höchst beunruhigendem Inhalt. Man teilte mir mit [...], daß *Sie*, daß Elizabeth Bennet, aller Wahrscheinlichkeit sich mit meinem Neffen verbinden würden. Meinem eigenen Neffen – Mr. Darcy. Obgleich ich *weiß*, daß es sich um eine skandalöse Irreführung handelt und ich ihn nicht damit behelligen will, dergleichen für möglich zu halten, entschloß ich mich zu dieser Reise, um Ihnen meine Einstellung darzulegen.«

»Wenn Sie es nicht für wahr hielten«, sagte Elizabeth und errötete vor Erstaunen und Abscheu, »dann wundere ich mich, daß Sie sich einer derartigen Mühe unterzogen. Was könnten Euer Gnaden damit bezwecken?«

»Ich bestehe auf dem umfassenden Widerruf dieses Gerüchtes.«

»Ihre Reise nach Longbourn und Ihr Besuch bei mir und meiner Familie wird es eher bekräftigen«, sagte Elizabeth kühl, »wenn wirklich solch ein Gerücht bestehen sollte.«

»Wenn! Wollen Sie behaupten, daß Sie nichts davon wissen? Haben Sie es nicht selbst kunstvoll in Umlauf gebracht? Wissen Sie nicht, daß solch ein Gerücht überall kursiert?«

»Ich habe nie davon gehört.«

»Und können Sie behaupten, daß es jeder Grundlage entbehrt?«

»Ich maße mir nicht die gleiche Offenheit wie Euer Gnaden an. *Sie* können zwar Fragen stellen, aber ich werde sie nicht beantworten.«

[...]

»Miss Bennet, wissen Sie, wer ich bin? Ich bin an solche Sprache nicht gewöhnt! Als seine nächste Verwandte habe ich ein Recht, über seine innersten Belange unterrichtet zu werden.«

»Aber Sie haben kein Recht auf *meine*.«

[...]

»Haben Sie jedes Gefühl für Anstand und Takt verloren? Haben Sie nicht gehört, daß ich sagte, seit seinen frühesten Stunden sei er seiner Base bestimmt?«

»Ja, und ich hörte es auch schon vorher. Aber was bedeutet das mir? Wenn es keinen anderen Einwand gegen die Heirat Ihres Neffen mit mir gibt, dann wird mich sicher nicht das Wissen zurückhalten, daß seine Mutter und Tante eine Ehe mit Miss de Bourgh wünschen. Sie taten, was Sie konnten. Sie schmiedeten den Plan; die Erfüllung liegt bei anderen. Wenn Mr. Darcy weder durch Ehre noch Neigung an seine Base gebunden ist, warum sollte er dann keine andere Wahl treffen? Und wenn ich die Dame dieser Wahl bin, warum sollte ich nicht annehmen?«

»Weil Ehre, Herkommen, Vernunft – nein, weil Ihr eigener Vorteil es verbietet. Ja, Miss Bennet, Ihr Vorteil; denn erwarten Sie keine Beachtung von seiner Familie und seinen Freunden, wenn Sie mutwillig gegen deren Willen handeln. [...] Ihre Ehe wird eine Schande sein; keiner von uns wird je ihren Namen erwähnen.«

»Das sind schwerwiegende Momente«, erwiderte Elizabeth. »Aber Mr. Darcys Gattin erwarten solch ungeahnte Quellen des Glückes, die ihre Stellung notwendigerweise mit sich bringt, daß sie trotzdem keinen Grund zur Reue hätte.«

»Halsstarriges, dickköpfiges Geschöpf! Ich schäme mich für Sie! [...] Verstehen Sie, ich bin mit dem Entschluß hierhergekommen, meinen Vorsatz durchzuführen; und das kann man mir nicht ausreden. Es paßt mir nicht, mich den Launen irgendeines Menschen zu beugen. Ich bin nicht gewohnt, Enttäuschungen zu ertragen.«

»Um so bedauernswerter wird die Lage Euer Gnaden jetzt sein. Aber das wird *mich* unberührt lassen.«

»Unterbrechen Sie mich nicht! Hören Sie mir schweigend zu! [...]Wüßten Sie, wo Ihr Glück liegt, so würde es Sie nicht gelüsten, die Sphäre zu verlassen, in der Sie aufgewachsen sind.«

»Durch eine Heirat mit Ihrem Neffen würde ich nach meinem Empfinden meine Sphäre nicht verlassen. Er ist ein Edelmann, ich bin eines Edelmannes Tochter, soweit sind wir einander ebenbürtig [...] Welcher Art meine Verwandtschaft auch sein mag – wenn Ihr Neffe nichts dagegen einzuwenden hat, kann es *Ihnen* doch gleichgültig sein.«

»Sagen Sie mir unumwunden. Sind Sie mit ihm verlobt?«

Obwohl Elizabeth aus einfachem Grunde, um Lady Catherine nicht zu Willen zu sein, diese Frage nicht beantworten wollte, konnte sie nach einigem Nachdenken nur sagen: »Nein, ich bin es nicht.«

Lady Catherine schien befriedigt.

»Und versprechen Sie mir, sich nie auf ein solches Verlöbnis einzulassen?«

»Ich werde nichts Derartiges versprechen.«

»Miss Bennet, ich bin entsetzt und überrascht. Ich erwartete, eine vernünftigere junge Dame anzutreffen. Aber wenn Sie glauben, ich gebe jemals nach, dann sind Sie im Irrtum. Ich werde nicht eher fortgehen, bis ich von Ihnen die Versicherung erhalten habe, die ich verlange.«

»Ich werde sie gewiß niemals geben und mich durch nichts zu einer solchen Dummheit einschüchtern lassen. [...] Wie weit Ihr Neffe Ihren Einmischungen in *seine* Angelegenheiten beistimmen wird, weiß ich nicht. Aber Sie haben nicht das Recht, sich in meine zu mischen. Ich möchte deshalb nicht weiter mit dieser Sache behelligt werden.«

»Nur nicht so hastig, bitte. Ich bin noch keineswegs am Ende. […] Die Einzelheiten im Gefolge der unrühmlichen Entführung Ihrer Schwester sind mir nicht unbekannt. […] Deren Gatte, der Sohn des Verwalters seines seligen Vaters, soll sein Schwager werden? Was bilden Sie sich ein? Soll der reine Geist von Pemberley so verpestet werden?«

»*Jetzt* haben Sie wohl nichts mehr zu sagen«, antwortete Elizabeth voller Ekel. »Sie haben mich auf jede mögliche Art beleidigt. Ich muß Sie nun bitten, zum Haus zurückzukehren.«

Und Elizabeth erhob sich. […]

»Gefühlloses, eigensüchtiges Geschöpf! Bedenken Sie denn gar nicht, daß ihm eine Verbindung mit Ihnen in aller Augen zur Schande gereichen muß?«

»Lady Catherine, ich habe nichts mehr zu sagen. Sie kennen meine Ansicht.«

»Sie sind also entschlossen, ihn zu gewinnen?«

»Ich habe nichts Derartiges gesagt. Ich bin lediglich entschlossen, so zu handeln, wie es meinem Begriff von Glück entspricht, ohne auf Sie oder sonst einen Menschen, mit dem ich keinerlei Beziehungen habe, Rücksicht zu nehmen.«

[…]

»Das ist Ihr letztes Wort? Nun gut, ich weiß, was ich zu tun habe. Bilden Sie sich nicht ein, Miss Bennet, daß Ihr

Ehrgeiz je befriedigt wird. Ich kam, um mir ein Bild von Ihnen zu machen. Ich hoffte, Sie vernünftig zu finden; aber verlassen Sie sich darauf, ich werde meinen Willen durchsetzen.«

Derart redete Lady Catherine fort, bis sie den Wagenschlag erreicht hatten. Dort wandte sie sich hastig um. »Ich verabschiede mich von Ihnen, Miss Bennet. Richten Sie Ihrer Mutter meine Empfehlung aus. Sie verdienen eine solche Aufmerksamkeit nicht. Ich bin ernstlich unzufrieden mit Ihnen.«

Stolz und Vorurteil, S. 365ff.

Sie konnte ihm nicht beipflichten, fürchtete jedoch, einen Streit vom Zaun zu brechen. Aber ihr Heldenmut erschöpfte sich im Schweigen.

Emma, S. 151

Gesundheit

Earle Harwood hat seine Familie wieder einmal in höchste Unruhe versetzt und für Gesprächsstoff unter Nachbarn gesorgt. [...] Als er vor zehn Tagen in der Wachstube seine Pistole spannte, schoß er sich versehentlich in die Hüfte. Zwei junge schottische Chirurgen machten sich freundlicherweise gleich erbötig, die Hüfte abzunehmen, aber dazu wollte er seine Einwilligung nicht geben.　J. A. an Cassandra, 8./9. November 1800

Im Bergsteigen ist Mrs. Chamberlayne unschlagbar; ich hatte Mühe, mit ihr Schritt zu halten, wollte jedoch um nichts in der Welt kneifen. In der Ebene war ich ihr durchaus gewachsen. Und so eilten wir unter herrlich sengender Sonne dahin, sie ohne Parasol oder Schatten für ihren Hut, machten um keinen Preis halt und überquerten den Friedhof von Weston in solcher Eile, als hätten wir Angst, lebendig begraben zu werden.

J. A. an Cassandra, 21./22. Mai 1801

Heute morgen kam Edward Bridges unangemeldet zum Frühstück [...] Sie haben den ganzen Sommer in Ramsgate verbracht, *ihrer* Gesundheit zuliebe. Sie ist so ein armer Schatz – die Sorte Frau, die auf mich den Eindruck macht, sich entschlossen zu haben, niemals gesund zu sein –, die ihre Anfälle & Nervosität & die Bedeutung, die sie ihr verleihen, über alles liebt.

J. A. an Francis Austen, 25. September 1813

Lady W. ist wieder einmal auf ihren alten Trick mit der schwachen Gesundheit verfallen und wurde für ein paar Monate zu ihren Freunden geschickt. Vielleicht kann sie jene krank machen.

J. A. an Cassandra, 9. Februar 1813

Mrs. Francis Austens Unpäßlichkeit währte sehr viel kürzer als die meine – und *sie* kam am Ende auch noch mit einem Baby nieder. Wir legten uns zur selben Zeit zu Bett, und sie hat sich inzwischen sehr gut erholt.

J. A. an Anne Sharp, 22. Mai 1817
[Jane Austen starb knapp zwei Monate
später am 18. Juli 1817]

»Hüte dich vor Ohnmachtsanfällen [...] Kurzzeitig mögen sie erfrischend u. erfreulich sein, doch glaube mir, so man sie allzu häufig u. zu ungeeigneten Zeiten wiederholt, können sie sich letzten Endes als verderblich auf die Konstitution erweisen [...] Ein Tobsuchtsanfall ist nicht um ein Viertel so gefährlich; er ist eine Ertüchtigung für den Organismus, u. wenn er nicht zu heftig ausfällt, erachte ich seine Folgen als sehr wohl gesundheitsfördernd; verfalle in Raserei, sooft es dich danach gelüstet, aber falle nicht in Ohnmacht.–«

Liebe u. Freundschaft, S. 57

»Ich fürchte sehr, sie hat sich [beim Rosenschneiden] die Kopfschmerzen geholt, denn diese Hitze konnte einen wirklich umbringen. Sie war so groß, daß ich es gerade noch aushielt. Dazusitzen und den Mops zu rufen, um ihn von den Blumenbeeten fernzuhalten, das ging schon fast über meine Kräfte.«

Lady Bertram in *Mansfield Park*, S. 96

Ehrlich gesagt, bezweifle ich, daß Susans Nerven der Strapaze gewachsen wären. Sie hat viel unter Kopfschmerzen gelitten; und sechs Blutegel pro Tag – zehn Tage hintereinander – haben ihr so wenig geholfen, daß wir es für richtig gehalten haben, unsere Maßnahmen zu ändern. Und da ich nach näherer Prüfung davon überzeugt war, daß ihre Schmerzen vielfach von ihrem Gaumen herrührten, habe ich sie dazu gebracht, das Übel von dort anzugehen. Sie mußte sich in der Folge drei Zähne ziehen lassen, und es geht ihr wesentlich besser, nur mit den Nerven ist sie ziemlich herunter.

Diana Parker in *Sanditon*, S. 198

»Großer Gott, mein lieber Mann!« rief sie aus. »Wie konnten Sie auch nur an so etwas denken? [...] Was sollten wir denn hier mit einem Doktor? Es würde nur unser Dienstpersonal und die Armen dazu ermuntern, sich einzubilden, krank zu sein, wenn es hier einen Arzt gäbe.«

Lady Denham in *Sanditon*, S. 207

»Susan ißt nie, das gestehe ich dir zu, und im gegenwärtigen Augenblick möchte *ich* nichts essen. Nach einer Reise esse ich ungefähr eine Woche lang nie etwas. Arthur dagegen ist nur allzusehr aufs Essen eingestellt. Wird sind oft gezwungen, ihn kurzzuhalten.«

Diana Parker in *Sanditon*, S. 231

»*Ich* habe die Luft auch so gern, wie ein Mensch sie nur gern haben kann«, erwiderte Arthur. »ich liebe es sehr, am offenen Fenster zu stehen, wenn kein Wind ist. Aber unglücklicherweise tut *mir* feuchte Luft nicht gut. Sie erzeugt Rheumatismus bei mir. Sie sind nicht rheumatisch, nehme ich an?«

»Überhaupt nicht!«

»Das ist ein großer Segen. Aber vielleicht sind Sie nervös?«

»Nein, ich glaube nicht. Ich kann mir nicht vorstellen, daß ich es bin.«

»*Ich* bin sehr nervös. Ehrlich gesagt sind die Nerven, *meines* Erachtens, das Schlimmste an meinen Beschwerden. Meine Schwestern meinen, ich sei gallenleidend, aber das bezweifle ich.« […] Wenn ich nämlich gallenleidend wäre, wissen Sie«, fuhr er fort, »würde mir Wein nicht bekommen, aber er tut mir immer gut. Je mehr Wein ich trinke – mit Maßen natürlich –, um so besser fühle ich mich.«

Arthur Parker in *Sanditon*, S. 237

Tod

Mrs. Hall aus Sherbourne kam gestern einige Wochen vor der Zeit mit einer Totgeburt nieder, verursacht durch einen Schock. Sie hat vermutlich aus Versehen ihren Mann angeschaut.

J. A. an Cassandra, 27./28. Oktober 1789

Wir trafen [...] Dr. Hall. Er war in Trauer. Entweder ist seine Mutter, seine Frau oder er selbst gestorben.

J. A. an Cassandra, 17. Mai 1799

Die Todesanzeige von Mrs. Wyndham Knatchbull haben wir gesehen. Ich hatte ja keine Ahnung, daß irgend jemand sie gern hatte.

J. A. an Cassandra 8./9. Februar 1807

Wie furchtbar, daß so viele Menschen getötet wurden – und was für eine Gnade, daß sie einem alle egal sind.

J. A. an Cassandra [über die Schlacht von Albuera im Krieg gegen Napoleon], 31. Mai 1811

Der ehrenwerte, hoch angesehene, kluge, liebenswürdige Thomas Leigh, der nach einem erfüllten Leben als Herr über einen der schönsten Besitze in England und über mehr nichtsnutzige Nichten und Neffen als jeder andere Privatier in diesem Königreich, nach einem erfüllten Leben mit 79 Jahren gestorben ist ...

J. A. an Francis Austen, 3. Juli 1813

Stell Dir vor, Mrs. Holder ist tot. Die arme Frau hat das einzige auf der Welt getan, was in ihrer Möglichkeit stand, um einen daran zu hindern, über sie herzuziehen.

J. A. an Cassandra, 14. Oktober 1813

Nein, ich habe nicht gelesen, daß Mrs. Crabbe gestorben ist. Ich habe mir nur aus einem seiner Vorworte zusammengereimt, daß er wahrscheinlich verheiratet war. Es ist fast lächerlich. Arme Frau. Ich werde *ihn* trösten so gut ich kann, aber ich werde mich nicht anstrengen, nett zu ihren Kindern zu sein. Besser, wenn sie keine hinterläßt.

J. A. an Cassandra, 21. Oktober 1813

»Sind die Eltern der Tilneys denn auch in Bath?«
»Ja, ich glaube wohl, doch ich bin dessen nicht ganz sicher. Wenn ich genauer nachdenke, scheint es mir, als wären sie beide tot – wenigstens die Mutter.«

Ms. Allen in *Die Abtei von Northanger*, S. 69

»Dann und wann vergnügt sich die Admiralität damit, ein paar hundert Mann in einem nicht mehr seetüchtigen Schiff auf das Meer zu schicken. Sie muß sich um so viel kümmern; und unter den Tausenden, die ebenso auf den Meeresgrund gehen, ist es schwer, gerade die herauszufinden, die sie am wenigsten entbehren kann.«

Kapitän Wentworth in *Anne Elliot*, S. 73

Zaster

Dein Lob für meinen letzten Brief hat mir sehr geschmeichelt, denn ich schreibe nur des Ruhmes und nicht des Geldes wegen.

J. A. an Cassandra, 16. Januar 1796

Seit meinem letzten Brief starrt mich von überall meine zweite Auflage [von *Verstand und Gefühl*] an. Mary erzählt mir, Eliza wolle das Buch kaufen. Ich hoffe, sie tut's. [...] Ich möchte, daß sich recht viele dazu verpflichtet fühlen. Auch wenn es ihnen eine lästige Pflicht sein sollte, stört mich das überhaupt nicht, solange sie nur kaufen.

J. A. an Cassandra, 6./7. November 1813

Die Leute sind eher geneigt, Bücher auszuleihen und zu loben, als sie zu kaufen, was mich natürlich nicht wundert, aber obwohl ich Lob so gerne höre wie andere Leute, bekomme ich auch gern das, was Edward »Zaster« nennt.

J. A. an Fanny Knight, 30. November 1814

Alleinstehende Frauen haben eine fatale Neigung zur Armut. Das ist ein starkes Argument für die Ehe.

J. A. an Fanny Knight, 13. März 1817

Und was die romantischsten Menschen auch immer sagen mögen, ohne Geld geht es nun einmal nicht.

Isabella Thorpe in *Die Abtei von Northanger*, S. 146

Als er seinem Vater sein Versprechen gab, erwog er insgeheim, das Vermögen seiner Schwestern durch ein Geschenk von je eintausend Pfund zu vermehren. Dazu hielt er sich zu diesem Zeitpunkt wirklich für fähig [...] Ja, er würde ihnen dreitausend Pfund geben! Das wäre großzügig und nobel, genug für sie, um davon völlig sorgenfrei zu leben. [...]

Mrs. John Dashwood billigte ganz und gar nicht, was ihr Mann für seine Schwestern zu tun beabsichtigte. [...] »Es war meines Vaters letzte Bitte an mich«, erwiderte ihr Mann, »daß ich seine Witwe und seine Töchter unterstütze.«

»Ich glaube allerdings, er wußte nicht, wovon er sprach; aber ich wette zehn zu eins, er war damals wirr im Kopf.« [...]

»Vielleicht wäre es dann für alle Beteiligten besser, wenn man die Summe halbierte. – Fünfhundert Pfund wären doch ein gewaltiger Vermögenszuwachs!«

»Oh, über alle Maßen...« [...]

»Deshalb weiß ich nicht, ob es nicht aufs ganze gesehen ratsamer wäre, anstatt für sie lieber etwas für ihre Mutter zu tun, solange sie noch am Leben ist – ich denke an eine Art Leibrente. – Das käme meinen Schwestern ebenso zugute wie ihr selbst. Mit hundert Pfund im Jahr könnten sie alle sehr bequem leben.«

Seine Frau zögerte jedoch ein wenig, diesem Plan ihre Zustimmung zu geben. [...]

»Wenn du dich einmal umsiehst, leben Leute immer ewig, wenn man ihnen eine Leibrente zahlen muß; und sie ist sehr rüstig und gesund und noch keine vierzig. Eine Leibrente ist eine sehr ernste Angelegenheit; sie fällt Jahr für Jahr an, und man wird sie nie wieder los. [...] Sie halten sich für abgesichert, du tust nicht mehr, als man von dir erwartet, und so kommt überhaupt keine Dankbarkeit auf.« [...]

»Das ist bestimmt die beste Lösung. Ein Geschenk von fünfzig Pfund hin und wieder wird sie davor bewahren, jemals in Geldnöte zu geraten, und wird, so denke ich, mein Versprechen gegenüber meinem Vater voll und ganz erfüllen.«

»Ganz gewiß. Ja, um die Wahrheit zu sagen, ich bin innerlich davon überzeugt davon, daß dein Vater gar nicht die Absicht hatte, daß du ihnen überhaupt Geld geben solltest. Er dachte bestimmt nur an eine Unterstützung, wie man sie vernünftigerweise von dir erwarten kann: zum Beispiel, daß du dich nach einem netten Häuschen für sie umsiehst, ihnen beim Umzug behilflich bist und ihnen, wenn die Jahreszeit danach ist, mal ein paar Fische oder ein Stück Wildbret und dergleichen als Geschenk schickst [...] Sie werden so billig leben [...] und was einen weiteren Zuschuß deinerseits betrifft, so ist der Gedanke daran geradezu absurd. Viel eher werden sie in der Lage sein, *dir* etwas zu geben.«

Mr. und Mrs. John Dashwood in *Verstand und Gefühl*, S. 12ff.

»Denn was hat schon Reichtum oder Größe mit Glück zu tun?«

»Größe nur wenig«, sagte Elinor, »aber Reichtum hat viel damit zu tun.«

Verstand und Gefühl, S. 115

Weil er selbst nichts für seine Schwestern getan hat-te, waren seine Gewissensbisse gerade groß genug, daß er außerordentlich erpicht darauf war, andere sollten recht viel für sie tun.

John Dashwood in *Verstand und Gefühl*, S. 279

»Jetzt bleibt mir nichts mehr, als Ihnen in der lebhaf-testen Sprache die Gewalt meiner Liebe auszudrücken. In Vermögensfragen bin ich vollkommen gleichgültig. Ich werde an Ihren Vater keine Forderung richten, da ich wohl weiß, daß sie nicht erfüllt werden könnte, und eintausend Pfund, zuzüglich der vier Prozent, wahr-scheinlich alles sein wird, was Sie je zu erwarten haben, und die fallen Ihnen ja auch erst nach dem Tode Ihrer Mutter zu. In diesem Punkt werde ich daher unverän-dert schweigen, und Sie können sicher sein, daß kein engherziger Vorwurf je über meine Lippen kommen wird, wenn wir verheiratet sind.«

Mr. Collins in *Stolz und Vorurteil*, S. 120

Mrs. Norris hatte nicht die mindeste Absicht, sich für den Unterhalt [des Kindes] in irgendwelche Unkosten zu stürzen. Solange es ums Anleiten, Reden und Pläne-schmieden ging, war sie die Nächstenliebe in Person, und niemand wußte besser als sie, anderen Großzügig-keit zu predigen: aber ihre Liebe zum Geld stand ihrer Liebe zum Kommandieren in nichts nach, und sie ver-stand es ebensogut, ihr eigenes zu sparen, wie das ihrer Freunde auszugeben.

Mansfield Park, S. 15

»Ein großes Einkommen ist meines Wissens immer noch das beste Rezept zum Glücklichsein.«

Mary Crawford in *Mansfield Park*, S. 258

»Die Herren dort haben ja offenbar etwas sehr Interessantes zu besprechen.«

»Das Interessanteste überhaupt«, erwiderte ihr Bruder, »wie man zu Geld kommt und wie man aus einem guten Einkommen ein noch besseres macht.«

Mary und Henry Crawford in *Mansfield Park*, S. 274

Ein sehr knappes Einkommen muß notwendigerweise den Geist einengen und die Stimmung verderben.

Emma Woodhouse in *Emma*, S. 116

Müßiggang

»Da für mich überhaupt keine Notwendigkeit bestand, einen Beruf zu ergreifen, [...] erklärte man, Müßiggang sei immer noch das Vorteilhafteste und Ehrenvollste, und ein junger Mann von achtzehn Jahren ist im allgemeinen nicht so erpicht darauf, fleißig zu sein, daß er sich nicht von seinen Freunden zum Nichtstun verleiten ließe.«

Edward Ferrars in *Verstand und Gefühl*, S. 129

Die Anwesenheit der beiden Dashwood-Schwestern wirkte sich sowohl auf sie als auch auf Lucy hemmend aus. Sie hinderte die eine daran, sich ihrem Müßiggang, und die andere, sich ihrer Lieblingsbeschäftigung hinzugeben. Lady Middleton schämte sich, in ihrer Gegenwart nichts zu tun, und Lucy fürchtete, wegen der Schmeicheleien, die sie sonst so voll Stolz ersann und anbrachte, von ihnen verachtet zu werden.

Verstand und Gefühl, S. 301

Lady Bertram [...] war eine Frau, die ihre Tage damit verbrachte, hübsch angezogen auf dem Sofa zu sitzen, sich mit irgendeiner langwierigen, weder besonders nützlichen noch besonders schönen Handarbeit zu beschäftigen und mehr an ihren Mops als an ihre Kinder zu denken.

Mansfield Park, S. 29

Als sie dann schließlich im Inneren der Werftanlage angekommen waren, begann er sich Chancen auf ein glückverheißendes Gespräch mit Fanny auszurechnen, da sich bald ein ebenfalls dem Müßiggang ergebener Bekannter von Mr. Price zu ihnen gesellte, der sich wie alle Tage einen Überblick über den Stand der Dinge verschaffen wollte und sich als weitaus ergiebigerer Gesprächspartner erweisen mußte als Crawford; und nach einiger Zeit war es den beiden Möchtegern-Offizieren anscheinend ganz recht, allein herumzuschlendern und Themen von gemeinsamem und nie versiegendem Interesse zu erörtern.

Mansfield Park, S. 492

Ich bin schon lange überzeugt, daß nur diejenigen, die keinem Beruf nachgehen, obgleich ein jeder notwendig und in seiner Art ehrenvoll ist, die ein geregeltes Leben auf dem Lande führen, sich ihre Zeit einteilen und tun können, was ihnen gefällt, die sorgenlos von ihrem Vermögen leben können, nur sie, sage ich, können die Segnungen der Gesundheit und des guten Aussehens bis zuletzt bewahren.

Sir Walter Elliot in *Anne Elliot*, S. 28

Gäste und Feste

Charles Powlett hat für Donnerstag zu einer Tanzveranstaltung eingeladen und damit die ganze Nachbarschaft aufgescheucht, die, wie du weißt, regen Anteil am Stand seiner Finanzen nimmt und sich in der Hoffnung wiegt, ihn bald ruiniert zu sehen.

J. A. an Cassandra; 1./2. Dezember 1798

Ich möchte gar nicht, daß die Leute liebenswürdig sind; das erspart mir die Mühe, sie zu mögen.

J. A. an Cassandra, 24.-26. Dezember 1798

Unser Ball bestand hauptsächlich aus Jervoises und Terrys; die ersteren waren vulgär, die zweiten laut.

J. A. an Cassandra, 21.-23. Januar 1799

Mrs. Badcock und zwei junge Damen gehörten zur selben Gesellschaft, außer wenn Mrs. Badcock sie verließ, um im ganzen Saal hinter ihrem betrunkenen Mann herzurennen. Seine Ausweichmanöver, ihre Verfolgung und die vermutliche Bezechtheit der beiden waren ein erheiterndes Schauspiel.

J. A. an Cassandra, 12./13. Mai 1801

Es waren sehr wenige Schönheiten anwesend, und die sahen alle nicht sehr gut aus. [...] Mrs. Blount war die einzige, die groß bewundert wurde: dasselbe breite Gesicht wie im September, Diamanten-Haarband, weiße

Schuhe, rosa Ehemann und feister Nacken. [...] Mrs.
Warren hat sich zu Teilen ihres Kindes entledigt, tanzte
mit großem Eifer und sah kein bißchen dick aus. Ihr
Mann ist sehr häßlich, häßlicher noch als sein Vetter
John, aber er sieht nicht *ganz* so alt aus wie dieser [...]
Die Misses Debary, Susan & Sally waren anwesend,
ganz in Schwarz [...] Ich war so höflich zu ihnen, wie
es ihr schlechter Mundgeruch erlaubte.«

J. A. an Cassandra, 20./21. November 1800

Miss Murden zierte unsere Gesellschaft am Donners-
tagabend, obwohl sie am Morgen noch entschieden
abgesagt hatte. Sie leistete uns von 7 bis nach 11 Uhr
Gesellschaft, saß schweigsam und unhöflich herum. Es
dauerte so lange, bis wir alle loswurden, weil die Sänf-
tenträger nicht kamen; die letzte langweilige Stunde saßen wir im weiten Halbkreis gähnend und schlotternd
ums Feuer herum. Aber das Tablett mit dem Imbiß war
ein großer Erfolg. Die Ente und der eingemachte Ing-
wer schmeckten einfach köstlich.

J. A. an Cassandra, 27./28. Dezember 1808

Ehe ich aufbrach, kam Mrs. Edwards zu Besuch, und
während ich fort war, sprachen Miss Beckford & Maria, & Miss Wools & Harriet B. vor. Meine Mutter
freute sich, sie alle zu sehen, und ich, sie verpaßt zu
haben.

J. A. an Cassandra, 4. Februar 1813

Übrigens muß ich mich damit abfinden, nicht mehr jung zu sein, aber es hat auch durchaus seine Reize, eine Art Anstandsdame zu sein. Man setzt mich auf das Sofa am Kamin und ich kann so viel Wein trinken, wie mir schmeckt.

J. A. an Cassandra, 6. November 1813

Dann nahmen alle ihre Masken ab, und die Gesellschaft begab sich in einen anderen Raum, um sich an einem vornehmen und elegant angerichteten Gastmahl gütlich zu tun, nach welchem die 3 Johnsons die anderen dazu anhielten, fleißig der Flasche zuzusprechen, bis jedermann, auch die Tugend, über die Maßen betrunken nach Hause geschafft wurde.

Jack und Alice, S. 235

Ein gewöhnlicherer Geist wäre vermutlich in Verlegenheit geraten, eine derart große Gesellschaft zu beherbergen, aber Wilhelmus gab mit ungewöhnlicher Geistesgegenwart den Befehl, auf einer Waldlichtung in der Nähe des Hauses zwei noble Zelte aufzuschlagen. Ihre Bauart war so elegant wie schlicht – ein paar alte Decken, die jeweils von vier Stöcken getragen wurden, legten Zeugnis ab von Geschmack und Sinn für Architektur sowie der glücklichen Gabe, Schwierigkeiten mit der linken Hand zu meistern, die zwei von Wilhelmus' eindrucksvollsten Tugenden waren. *A Tale*

»Ich betrachte den Kontertanz als ein Abbild der Ehe. Treue und Entgegenkommen sind die Hauptpflichten der Partner. Und Männer, denen es nicht einfällt, selbst zu tanzen oder zu freien, haben mit den Tänzerinnen oder Ehefrauen ihrer Nachbarn nichts zu schaffen.«

Henry Tilney in *Die Abtei von Northanger*, S. 77

Lady Middleton konnte eine derartige Unterhaltung nicht länger ertragen und raffte sich daher auf, Mr. Palmer zu fragen, ob es in der Zeitung irgendwelche Neuigkeiten gäbe.
»Nein, keine einzige«, antwortete er und las weiter.

Verstand und Gefühl, S. 135

Keinerlei Armut kam zum Vorschein, außer in der Konversation – da aber herrschte in der Tat ein beträchtlicher Mangel.

Verstand und Gefühl, S. 286

Es war zu erniedrigend, mit Mr. Collins herumzuhopsen, der ungeschickt und feierlich war und, anstatt sich anzustrengen, weitschweifige Entschuldigungen vorbrachte und noch falschere Schritte machte, so daß er ihr für ein paar Tänze die Schande und Peinlichkeit eines ungeschickten Partners auferlegte. Die Befreiung von ihm beglückte sie.

Stolz und Vorurteil, S. 103

Bei solchen Gelegenheiten kämpften in Mr. Woodhouse die widersprüchlichsten Gefühle miteinander. Er hatte es gern, wenn das Tischtuch aufgelegt wurde, da dies in seiner Jugend üblich gewesen war, aber er bedauerte aus der Überzeugung, Abendmahlzeiten seien ungesund, daß etwas darauf serviert wurde.

[...] Ein Schälchen mit dünnem Haferschleim, wie es für ihn bereitstand, war das einzige, das er wirklich guten Gewissens empfehlen konnte, und obwohl er sich zusammennahm, während die Damen mit Behagen angenehmere Dinge verspeisten, konnte er es nicht unterlassen zu sagen:

»Mrs. Bates, ich möchte Ihnen vorschlagen, es mit einem dieser Eier zu versuchen. Ein sehr weichgekochtes Ei ist nicht ungesund. Serle versteht am besten, ein Ei zu kochen. Ich würde es Ihnen nicht empfehlen, wenn jemand anderer es gekocht hätte – aber Sie brauchen nichts zu befürchten, wie Sie sehen, sind sie sehr klein – eines unsrer kleinen Eier wird Ihnen nicht schaden. [...] Mrs. Goddard, wie wäre es mit einem *halben* Glas Wein? Ein halbes Gläschen – mit Wasser verdünnt? Ich glaube nicht, daß es Ihnen schlecht bekommen würde.«

Emma, S. 35

Am Anfang eines jeden Besuchs wurden nur angemessene Gefühle zur Schau getragen, und da dieser nun notgedrungen kurz war, stand zu hoffen, er werde in makelloser Herzlichkeit vorübergehen.

Emma, S. 126

»Da fahren wir nun also los, um fünf fade Stunden im Haus eines anderen Mannes zu verbringen, wo es nichts zu sagen und zu hören geben wird, was man nicht schon gestern gehört und morgen wieder hören wird. In solch trostlosem Wetter aufbrechen, vielleicht in noch schlechterem zurückkehren, vier Pferde und vier Diener müssen heraus, um fünf müßige, schlotternde Kreaturen in kältere Räume und schlechtere Gesellschaft zu bringen, wie sie sie daheim gehabt hätten.«

John Knightley in Emma, S. 151

»Je früher sich eine Gesellschaft auflöst, desto besser.«

Mr. Woodhouse in Emma, S. 273

Man kann wohl auch ganz ohne Tanzen auskommen. Es gibt Beispiele dafür, daß junge Leute monatelang keinen Ball besuchten, ohne deshalb Schaden an Leib oder Seele zu nehmen; aber ist erst einmal der Anfang gemacht – hat man erst einmal, und sei es auch nur flüchtig, das Glücksgefühl erlebt, schnell und schwerelos dahinzuschweben –, dann muß es schon eine sehr langweilige Gesellschaft sein, die es nicht nach mehr verlangt.

Emma, S. 280

Mr. Weston und Mrs. Elton führten den Reigen an, Mr. Frank Churchill und Miss Woodhouse folgten als zweites Paar. Emma mußte sich also damit abfinden, Mrs. Elton den Vortritt zu lassen, obwohl sie immer geglaubt hatte, der Ball werde hauptsächlich für sie veranstaltet. Es genügte beinahe, einen ans Heiraten denken zu lassen.

Emma, S. 420

Donwell war berühmt für seine Erdbeerbeete, die einen Vorwand für die Einladung bieten konnten; obwohl ein solcher gar nicht nötig gewesen wäre, denn auch Krautäcker hätten genügt, um die Dame dem Plan geneigt zu machen, die ja nur um jeden Preis irgendwo hingehen wollte. Sie versprach wiederholt, daß sie kommen würde – viel öfter, als er es angezweifelt hatte.

Emma, S. 458

Nach seiner anstrengenden Beschäftigung jedoch schob er seinen Stuhl in eine ebenso galante Position zurück wie zuvor und bewies ihr mit seiner aufrichtig gemeinten Einladung zu Kakao und Toast, daß er nicht nur für sich selbst tätig gewesen war. [...]
»Dann werde ich selbst zugreifen«, sagt er. »Eine große Portion ganz schwacher Kakao jeden Abend bekommt mir besser als alles andere.
[...]
»Ich hoffe, Sie werden etwas von diesem Toast essen«, sagte er. »ich halte mich nämlich für einen ausgezeichneten Toaster. Ich lasse meinen Toast nie verbrennen. Ich lege ihn am Anfang nie zu dicht ans Feuer. Und wie Sie sehen, gibt es kein Eckchen, das nicht schön gebräunt wäre. Ich hoffe nur, Sie mögen trockenen Toast?« »Mit der entsprechenden Menge Butter drauf, sehr«, sagte Charlotte, »aber anders nicht.«
»Ich auch nicht«, erklärte er äußerst erfreut, »darin denken wir beide gleich. Ganz abgesehen davon, daß trockener Toast gesund sein soll, ist er, meiner Meinung nach, für den Magen ganz schlecht. Ohne ihn durch ein

wenig Butter weich zu machen, verletzt er die Magen-
wände [...] Er reizt und wirkt wie eine Muskatnußrei-
be.«

Sanditon, S. 239f.

Haus- und Grundbesitz

Kaum war das Begräbnis seines Vaters vorüber, da traf Mrs. John Dashwood mit ihrem Kind und ihren Bediensteten ein, ohne zuvor ihre Schwiegermutter über ihre Absicht unterrichtet zu haben. Niemand konnte ihr das Recht zu kommen streitig machen; seit dem Augenblick, da sein Vater verstorben war, gehörte das Haus ihrem Mann [...]: Mrs. John Dashwood war bei niemandem in der Familie ihres Mannes je besonders beliebt gewesen, aber sie hatte bisher noch keine Gelegenheit gehabt, ihnen zu zeigen, wie rücksichtslos sie gegenüber dem Wohlbefinden anderer handeln konnte, wenn es die Situation erforderte.

Verstand und Gefühl, S. 12

»Der Brief kommt von meinem Neffen, Mr. Collins, der euch alle nach meinem Tode aus diesem Haus treiben wird, sobald er die Neigung dazu verspürt.«
[...]
Sehr geehrter Mr. Bennet,
Unter der Unstimmigkeit, die zwischen Ihnen und meinem verehrten seligen Vater bestand, habe ich immer gelitten, und seit ich das Unglück hatte, ihn zu verlieren, hegte ich häufig den Wunsch, den Bruch zu heilen. Eine Zeitlang hielten mich meine eigenen Zweifel zurück. Ich fürchte, es sei seinem Gedenken gegenüber respektlos, mit jemand auf gutem Fuße zu stehe, mit dem er immer gestritten hat.

Inzwischen habe ich aber meinen Entschluß gefaßt. Ostern erhielt ich meine Bestallung und war so glücklich, durch die Gönnerschaft Ihrer Gnaden Lady Catherine de Bourgh, Witwe von Sir Lewis de Bourgh, ausgezeichnet zu werden, deren Güte ich die wertvolle Rektoratstelle in dieser Gemeinde verdanke, wo es mein ernsthaftes Bemühen sein wird, mich mit dankbarer Achtung Ihrer Gnaden gegenüber zu führen und immer bereit zu sein, die Riten und Zeremonien zu vollziehen, wie sie von der anglikanischen Kirche eingesetzt sind. Als Geistlicher halte ich es um so mehr für meine Pflicht, die Segnungen des Friedens in allen Familien, die im Bereich meines Einflusses liegen, zu fördern und zu verankern. Ich schmeichele mir, daß mein gegenwärtiges Angebot des guten Willens sehr anerkennenswert ist. Übersehen Sie freundlich den Umstand, daß ich der Erbe des Gutes Longbourn bin, und weisen Sie den entbotenen Olivenzweig nicht zurück. Ich bin nur allzu betrübt, daß ich der Grund zu einem Nachteil für Ihre liebenswürdigen Töchter bin. Ich bitte, mir zu gestatten, da ich mich dieserhalb entschuldige und Sie gleichzeitig meiner Bereitwilligkeit versichere, Ihnen jedmöglichen Ersatz zu bieten. Aber hiervon später. Wenn Sie mich in Ihrem Hause empfangen wollen, so bitte ich, Ihnen und Ihrer Familie am Montag, dem 18. November, gegen vier Uhr meine Aufwartung machen und Ihrer Gastfreundschaft bis zum Sonnabend über acht Tage zur Last fallen zu dürfen. Ich kann ohne Unannehmlichkeit so lange bleiben, da Lady Catherine de Bourgh keine Einwände gegen meine gelegentliche Abwesenheit über Sonntag erhebt, vorausgesetzt, daß ein anderer Geistlicher die Gottesdienste an diesem Tage abhält. Ich verbleibe, verehrter Herr, mit ehrfürchtigen Empfehlungen an Ihre Gattin und Ihre Töchter und den besten Wünschen

Ihr Freund William Collins.«

»Wir dürfen also gegen vier Uhr diesen friedenbringenden Herrn erwarten«, sagte Mr. Bennet, während er den Brief zusammenfaltete. »Er scheint der gewissenhafteste, höflichste junge Mann zu sein, und ich zweifle nicht daran, daß er sich als wertvoller Bekannter erweist, besonders wenn Lady Catherine de Bourgh ihn häufiger beurlaubt.«

[...]

Elizabeth war besonders berührt von seiner außerordentlichen Verehrung für Lady Catherine und seiner freundlichen Absicht, seine Gemeindemitglieder zu taufen, trauen und beerdigen, wann immer es erwünscht war.

»Ich kann ihn mir nicht vorstellen. Er muß ein Original sein«, sagte sie, »und sein Stil ist reichlich geschwollen. Was will er damit sagen, wenn er sich entschuldigt, daß er der nächste Erbe ist? Wir können doch nicht glauben, er würde es ändern, wenn es in seiner Macht wäre. Kann er eigentlich ein vernünftiger Mann sein, Vater?«

»Nein, mein liebes Kind; ich glaube nicht. Ich habe berechtigte Hoffnung, daß er genau das Gegenteil ist. In seinem Brief liegt eine vielsprechende Mischung von

95

Dienstbeflissenheit und Selbstbewußtsein. Ich bin begierig, ihn kennenzulernen.«

Stolz und Vorurteil, S. 73 ff.

»Aber ich kann den jungen Damen versichern, daß ich gekommen bin, um sie zu bewundern. Vielleicht, wenn wir uns erst besser kennen ...«
Er wurde unterbrochen, weil man zum Essen rief; und die Mädchen lächelten einander an. Sie waren nicht die einzigen Gegenstände von Mr. Collins' Bewunderung. Die Diele, das Eßzimmer und die Einrichtungsgegenstände wurden geprüft und gepriesen; sein Lob hätte Mrs. Bennets Herz wohltuend berührt, wenn sie nicht die betrübliche Vermutung gehabt hätte, daß er alles als sein zukünftiges Eigentum betrachtete.

Stolz und Vorurteil, S. 77

»Willst du mir bitte auch sagen, wie lange du ihn schon liebst?«
»Es hat sich so allmählich entwickelt, daß ich kaum weiß, wann es eigentlich begann. Aber ich glaube, es war, als ich zum erstenmal sein wundervolles Besitztum Pemberley sah.«

Jane und Elizabeth Bennet in *Stolz und Vorurteil*, S. 386

Als sie in den Bannkreis der Besitzungen von Sotherton kamen, ging es Miss Bertram besser, die sozusagen zwei Eisen im Feuer hatte. Sie hegte Gefühle für Rushworth und Gefühle für Crawford, und in der Nähe von Sotherton gewannen die ersteren erheblich an Einfluß.

Mr. Rushworths gesellschaftliches Ansehen war auch das ihre. So konnte sie Miss Crawford nicht darauf hinweisen, daß die Wälder dort zu Sotherton gehörten, oder leichthin bemerken, zu beiden Seiten der Straße sei, wie sie glaube, alles Mr. Rushworths Besitz, ohne eine freudige Erregung im Herzen zu fühlen, und diese Wonne sollte sich noch steigern, je mehr sie sich dem großartigen Adelssitz näherten.«

Mansfield Park, S. 105f.

»Mein Schwager und meine Schwester werden von Hartfield begeistert sein. Leute mit ausgedehnten Parkanlagen freuen sich ja immer, wenn sie anderswo Ähnliches entdecken.«
Emma bezweifelte die Aufrichtigkeit dieses Gefühls. Sie war eher der Meinung, daß sich Leute mit ausgedehnten Parkanlagen herzlich wenig aus den ausgedehnten Parkanlagen anderer machen.

Emma, S. 353

»Wir haben effektiv jede Annehmlichkeit eines Gemüsegartens, ohne den ständigen lästigen Anblick seines Wachstums vor Augen zu haben oder alljährlich das Unangenehme seiner verfaulenden Vegetation. Wer hält den Anblick eines Kohlkopfbeetes im Oktober aus?«

Mr. Parker in *Sanditon, S. 190*

Eingeschränkte Verhältnisse

Die Leute hier sind so schauerlich arm und sparsam, daß ich die Geduld mit ihnen verliere. Kent ist der einzige Ort zum Glücklichsein, jedermann ist reich hier.

J. A. an Cassandra, 18./19. Dezember 1798

Mrs. Lance war zu Hause, und ob sie noch andere Nachkommen als einen großen Konzertflügel hat, war nicht ganz klar. […] Ich wage zu behaupten, daß sie nicht oft kommen werden. Sie leben in großartigem Stil und sind reich, und ihr schien es sehr zu gefallen, reich zu sein. Wir gaben ihr zu verstehen, daß wir weit davon entfernt seien. Sie wird daher bald zu der Ansicht gelangen, daß wir ihrer Bekanntschaft nicht würdig sind.

J. A. an Cassandra, 7./8. Januar 1807

Sein eigentliches Motiv, Fanny wegzuschicken, hatte sehr wenig mit der Überlegung zu tun, daß ein Wiedersehen mit ihren Eltern angebracht sei, und überhaupt nichts mit der Absicht, sie glücklich zu machen. Natürlich wollte er, daß sie gerne hinführe, aber nicht minder war ihm daran gelegen, daß sie, noch ehe ihr Besuch zu Ende ginge, ihres dortigen Zuhauses gründlich überdrüssig würde und daß ein kurzzeitiger Verzicht auf die gepflegte Atmosphäre und den Luxus in Mansfield sie etwas ernüchtern und veranlassen werde, den Wert jenes dauerhaften und ebenso behaglichen Heims, das man ihr bot, besser zu würdigen. [Und den Heiratsantrag eines reichen aber ungeliebten Mannes anzunehmen].

Es war gewissermaßen eine Art Therapie für den Verstand seiner Nichte, den er gegenwärtig nur als krank ansehen konnte. Ein acht- oder neunjähriger Aufenthalt in seinem Haus des Wohlstands und des Überflusses hatte ihre Fähigkeit, zu vergleichen und zu beurteilen, etwas durcheinandergebracht. Ihr Vaterhaus würde sie aller Wahrscheinlichkeit nach den Wert eines guten Einkommens schätzen lehren; und er war voller Zuversicht, daß sie durch das Experiment, das er sich ausgedacht hatte, ihr Leben lang eine klügere und glücklichere Frau sein werde.

Mansfield Park, S. 446f.

Die Besitzung von Kellynch war ertragreich, aber den Anforderungen nicht gewachsen, die Sir Walter an die Lebenshaltung ihres Eigentümers stellte: [...] »Können wir uns einschränken? Hast du vielleicht eine Vorstellung, in welcher Richtung wir uns einschränken können?« – Um Elizabeth gerecht zu werden, muß man anerkennen, daß sie im ersten Eifer weiblicher Besorgnis ernsthaft darüber nachdachte, was zu tun sei, und schließlich folgende beiden Sparmaßnahmen vorschlug: die unnötigen Almosen einzuschränken und den Salon nicht neu auszustatten. Später kam ihr noch der glückliche Gedanke, Anne kein Geschenk mitzubringen.

Anne Elliot, S. 15f.

Standesunterschiede

»Meiner Treu, Miss Maria, mich dünkt, Sie sehen heute weniger schmuck aus als gestern abend [...] Wie geht es Ihrer Mutter –? Sie befindet sich gerade beim Abendessen, nicht wahr?« – »Ja, Madame, wir saßen gerade beim Abendessen, als Mylady kamen.« [und Miss Maria nach draußen an ihren Kutschenschlag beordert wurde] – »Ich fürchte, es muß dir sehr kalt sein, Maria«, sagte Ellen. »Ja, es weht ein scheußlicher Ostwind«, sagte ihre Mutter, »ich versichere dir, daß ich es kaum ertragen kann, mit herabgelassenem Fenster zu sprechen. – Aber Sie, Miss Maria, sind es gewohnt, sich vom Wind zerzausen zu lassen, u. das hat Ihren Teint so rot u. grob gemacht. Junge Damen, die nicht oft Gelegenheit haben, mit der Kutsche zu fahren, machen sich keine Gedanken, bei welchem Wetter sie draußen herumlaufen oder daß der Wind ihre Beine entblößt. Ich würde niemals zulassen, daß *meine* Töchter bei einem Wetter wie diesem draußen weilen, wie Sie es tun [...] Meine Empfehlungen an Ihre Mutter – ich fürchte, Ihr Abendessen wird mittlerweile kalt sein –. Kutscher, fahren Sie – «

Lady Greville in *Eine Sammlung von Briefen*, S. 130f.

Gewiß, in ihrer Macht würde es stets liegen, sie zu enttäuschen, aber das genügte ihr nicht; denn wenn sich jemand zu einer Verhaltensweise entschieden hat, von der er weiß, daß sie falsch ist, fühlt er sich gekränkt, wenn etwas Besseres von ihm erwartet wird.

Verstand und Gefühl, S. 303f.

Mr. Darcy mag vielleicht von einer Gegend wie der Gracechurch Street gehört haben, aber die Waschungen eines ganzen Monats würde ihm nicht ausreichen, sich von dem dortigen Unrat zu reinigen, wenn er sie einmal betreten sollte.

Stolz und Vorurteil, S. 154

Also liefen sie ins Eßzimmer, das auf die Straße ging, um das Wunder zu betrachten: zwei Damen, die in einem niedrigen Phaeton vor dem Gartentor hielten.
»Ist das alles?« rief Elizabeth. »Ich habe zumindest erwartet, die Schweine wären in den Garten eingebrochen, und hier ist nichts zu sehen als Lady Catherine und ihre Tochter! [...] Es ist sehr unhöflich von ihr, Charlotte bei diesem Wind so lange im Freien zu halten. Warum kommt sie nicht herein?«
»Oh, Charlotte sagt, das tut sie fast nie. Das wäre die allerhöchste Gnade, wenn Miss de Bourgh hereinkäme.«

Stolz und Vorurteil, S. 171

Darauf versammelte sich die Gesellschaft um den Kamin, um Lady Catherine bestimmen zu hören, welches Wetter sie für den nächsten Tag festsetzte.

Stolz und Vorurteil, S. 180

Kaum in der High Street angekommen, da begegneten sie ihrem Vater, dessen äußere Erscheinung auch am Samstag nicht vorteilhafter wirkte. Er blieb stehen, und sowenig er auch wie ein Gentleman aussah, so fühlte sich Fanny dennoch verpflichtet, ihn Mr. Crawford vorzustellen. Es unterlag für sie keinem Zweifel, wie schockiert Mr. Crawford sein mußte. Er mußte einfach beschämt und angewidert sein. Nun würde er sie bestimmt bald aufgeben und nicht die geringste Neigung mehr verspüren, sie zu heiraten; und so sehr sie sich auch gewünscht hatte, daß er von seiner Liebe zu ihr kuriert werde, war dies doch eine Art von Kur, die ihr fast so schlimm erschien wie die Krankheit selbst. Und ich glaube, es gibt wohl kaum eine junge Dame im Vereinigten Königreich, die sich nicht eher mit dem Mißgeschick abfände, von einem klugen, liebenswürdigen Mann begehrt zu werden, als mit ansehen zu müssen, wie er von den pöbelhaften Manieren ihrer nächsten Angehörigen vertrieben wird.

Mansfield Park, S. 489

Der wahre Kern dieser pathetischen Familiengeschichte war der Umstand, daß die Musgroves einen mißratenen, hoffnungslosen Sohn hatten. Glücklicherweise starb er, ehe er das zwanzigste Lebensjahr erreichte. Man hatte ihn zur See geschickt, weil er an Land dumm und schwer erziehbar war. Seine Familie hatte sich seinerzeit nicht mehr um ihn gekümmert, als unumgänglich war. Man hatte selten von ihm gehört und ihn kaum betrauert, als die Nachricht seines Todes auf See bis nach Uppercross gedrungen war. Es lag fast zwei Jahre zurück.

Obgleich seine Schwestern ihn jetzt den »armen Richard« nannten, war er doch nie etwas anderes gewesen als ein dickköpfiger, gefühlloser, unvorteilhafter Dick Musgrove, der nie etwas getan hatte, um sich mehr als die Abkürzung seines Namens zu Lebzeiten oder im Tode zu verdienen.

Anne Elliot, S. 59

»Das mag wohl sein – und wenn ich ihn schon fünfzigmal gesehen hätte, würde ich ihn nicht erkennen. Ein junger Bauer, egal, ob zu Pferd oder zu Fuß, wäre der letzte Mensch, der meine Neugier erregen könnte. Die kleinen Grundbesitzer gehören einer Menschenklasse an, die mich schon rein gefühlsmäßig nichts angeht.«

Emma Woodhouse in *Emma*, S. 40

Emma war ein sehr mitfühlender Mensch; und die Armen durften sicher sein, daß ihre Kümmernisse und Nöte durch Emmas Geldbeutel nicht minder Linderung erfuhren als durch ihre persönliche Anteilnahme und Güte. [...] »Einblicke wie diese, Harriet, tun einem gut. Wie belanglos dagegen doch alles andere erscheint! Mir ist jetzt, als könnte ich heute an nichts anderes mehr denken als an diese armen Wesen; und dennoch, vermag man nicht zu sagen, wie schnell alles wieder meinem Gedächtnis entschwunden sein wird!«

Emma, S. 117f.

»Es gibt in London Büros, wo man auf Nachfrage schnell vermittelt würde, Büros für den Verkauf von, wenn nicht gerade Menschenfleisch, so doch von menschlicher Intelligenz.«

»Oh meine Liebe, Menschenfleisch! Sie jagen mir direkt einen Schrecken ein; wenn das ein Seitenhieb auf den Sklavenhandel sein soll, so versichere ich Ihnen, daß Mr. Suckling immer für die Abschaffung desselben war.«

»Ich dachte nicht an den Sklavenhandel«, erwiderte Jane, »Gouvernanten-Handel, das versichere ich Ihnen, war alles, was ich im Sinn hatte ...«

Emma, S. 390

In Lady Russells Augen war Mrs. Clay ihrer Stellung nach eine sehr unpassende und ihrem Charakter nach eine sehr gewagte Gefährtin – und ein Umzug, der Mrs. Clay zurücklassen und Miss Elliot passenderen Freundinnen zuführen würde, war daher von außerordentlicher Wichtigkeit.

Anne Elliot, S. 23

»Der Beruf hat gewiß seine Vorzüge, aber es täte mir leid, wenn einer meiner Freunde dazu gehörte. [...] Ja, in zweierlei Hinsicht ist er mir zuwider, ich habe zwei starke Einwände. Einmal erhebt er Menschen obskurer Herkunft zu unverdienten Ehren, von denen weder ihre Väter noch Großväter geträumt haben; zweitens zerstört er die Jugend und Kraft eines Mannes aufs abscheulichste. Ein Seemann altert früher als jeder andere

Mann. Ich habe das immer beobachtet. In der Marine läuft ein Mann eher als in irgendeinem anderen Beruf Gefahr, durch den Aufstieg eines Mannes beleidigt zu werden, dessen Vater man nie angesprochen hätte. Im vergangenen Frühjahr befand ich mich in London eines Tages in Gesellschaft zweier Männer, die meine Behauptungen treffend belegten. Beiden sollte ich Platz machen: Lord St. Ives, dessen Vater bekanntlich ein armseliger Landpfarrer war, und einem gewissen Admiral Baldwin, einer denkbar bedauernswert aussehenden Person. Sein Gesicht war mahagonifarben, grau und zerfurcht. Lauter Linien und Falten, neun graue Haare auf jeder Seite und nur ein bißchen Puder obenauf. ›Im Namen des Himmels, wer ist der alte Kerl?‹ sagte ich zu meinem Freunde, Sir Basil Morley, der neben mir stand. ›Alter Kerl?‹ rief Sir Basil. ›Das ist Admiral Baldwin. Für wie alt halten Sie ihn?‹ – ›Für sechzig‹, antwortete ich, ›oder vielleicht zweiundsechzig.‹ – ›Vierzig ist er‹, erwiderte Sir Basil, ›vierzig und kein Jahr mehr.‹ Stellen Sie sich meine Bestürzung vor, ich werde Admiral Baldwin sobald nicht vergessen. Ich habe nie ein jämmerlicheres Beispiel dafür gesehen, wie Seefahrt einen Menschen zurichtet. Aber im gewissen Sinne ist es mit allem das gleiche: Sie werden herumgeschlagen, sind jedem Wetter und jedem Klima ausgesetzt, bis man sie nicht mehr ansehen mag. Es ist schade, wenn sie nicht einen über den Schädel bekommen, ehe sie Admiral Baldwins Alter erreichen.«

Sir Walter Elliot in *Anne Elliot*, S. 25ff.

Man wird nicht daran zweifeln, daß Sir Walter und Elizabeth über die erlittene Enttäuschung entsetzt und beschämt waren. Sie konnten sich allerdings immer noch mit ihren hohen Verwandten trösten; aber sie erkannten, daß es nur halb so viel Spaß macht, anderen zu schmeicheln und nachzuschwänzeln, als sich selbst schmeicheln und umwerben zu lassen.

Anne Elliot, S. 277

Lesen und Schreiben

Um uns die Subskription schmackhaft zu machen, schreibt mir Mrs. Martin, daß das Sortiment [ihrer Leihbücherei] nicht nur aus Romanen bestehe, sondern aus aller Art von Literatur etc. etc. Diesen Hinweis hätte sie sich gegenüber unserer Familie sparen können, die wir doch große Romanleser sind und uns dessen auch nicht schämen; aber für die Selbstachtung der meisten Subskribenten war er vermutlich nötig.

J. A. an Cassandra, 18./19. Dezember 1798

Walter Scott hat kein Recht, Romane zu schreiben, schon gar keine guten. Das ist nicht fair. Als Dichter hat er hat genug Ruhm und Geld verdient und deshalb sollte er anderen Leuten nicht die Butter vom Brot nehmen.

J. A. an Anna Austen, 28. September 1814

Ich werde so bald wie möglich eine haarkleine Nachahmung von *Self Control* [dem Roman einer Mrs. Brunton] schreiben, und ich werde die Handlung noch verbessern. – Meine Heldin soll nicht nur ganz allein in einem Boot einen amerikanischen Fluß hinuntergespült werden; sie wird auf diese Art auch den Atlantik überqueren und nicht anhalten, bis sie in Gravesend strandet.

J. A. an Anna Austen, 1814/1815

Ich könnte eine Romanze ebensowenig schreiben wie ein episches Gedicht. Ich könnte mich wirklich nicht im Ernst hinsetzen, um eine ernsthafte Romanze zu schreiben, es sei denn, es ginge um Leben und Tod; und wenn dies der Fall wäre, wenn ich schreiben müßte und niemals zu meiner Erholung über mich oder andere Leute lachen dürfte, würde ich mich ganz bestimmt aufhängen, noch ehe ich das erste Kapitel beendet hätte.

J. A. an James Stanier Clarke [den Bibliothekar des Prinzregenten, der ihr wiederholt Themenvorschläge unterbreitete], 1. April 1816

Wie die gute Mrs. West [eine zeitgenössische Autorin] diese Bücher geschrieben haben und zugleich ihren Haushalt und ihre Familie umsorgen konnte, finde ich ganz erstaunlich. Schreiben und zugleich den Kopf voller Hammelkeulen und Rhabarberkompott zu haben, scheint mir ein Ding der Unmöglichkeit zu sein.

J. A. an Cassandra, 8./9. September 1816

Ich lese mit großer Sorge von dem Verlust, den Deine Mutter in ihrem Brief erwähnt. Zweieinhalb Kapitel fehlen, das ist ja ungeheuerlich! Gut, daß ich lange nicht in Steventon war und deshalb nicht in den Verdacht geraten kann, sie entwendet zu haben. Zweieinhalb starke Äste für mein eigenes Nest, das hätte sich schon gelohnt. Ich glaube allerdings nicht, daß ein Diebstahl mir wirklich von Nutzen gewesen wäre. Was sollte ich mit solch starken, männlichen, feurigen Bildern voller Glut und Farbe anfangen? – Wie könnte ich sie in das kleine

Stück Elfenbein (zwei Zoll breit) einfügen, auf dem ich mit einem so feinen Pinsel strichele, daß es der vielen Arbeit zum Trotz am Ende nach so wenig aussieht?

J. A. an Edward Austen-Leigh, 16./17. Dezember 1816

Ich danke Dir sehr, meine liebste Fanny, für die Unterhaltung mit Mr. Wildman, die Du mir geschickt hast: [Fanny hatte ihren Verehrer in ein Streitgespräch über Jane Austens Romane verwickelt, ohne die Identität ihrer Tante preiszugeben:] Du bist schon ein seltsames Mädchen! In einigen Dingen sehr feinfühlig und in anderen erbarmungslos. Zwinge ihn nicht weiterzulesen; hab' Mitleid mit ihm: [...] Er und ich stimmen natürlich nicht im mindesten in unseren Meinungen über Romane und Heldinnen überein. Bilder der Vollkommenheit machen mich ganz krank und boshaft, wie Du weißt. [...] Ich rechne ihm hoch an, daß er von allen jungen Damen nur das Beste annehmen möchte. Das ist doch ein Zeichen für ein liebenswürdiges, zartfühlendes Gemüt. – Und er verdient eine bessere Behandlung, als gezwungen zu werden, noch weitere meiner Werke zu lesen.

J. A. an Fanny Knight, 23. – 25. März 1817

Sir Edward war verblüfft; er hatte wohl kaum so lebhaften Widerstand erwartet. »Wo um Himmels willen«, sagte er, »hast du diesen haarsträubenden Unsinn her? Ich vermute, du hast Romane gelesen.«

Liebe u. Freundschaft, S. 14

Dann schlossen sie sich mit ihren Romanen ein. Ja, mit Romanen; denn ich will nicht in den kleinlichen und ungeschickten Fehler der meisten Romanschriftsteller verfallen, die sich durch die verächtliche Kritik der Werke, deren Zahl sie mit ihren eigenen Schöpfungen vermehren, ihren ärgsten Feinden anschließen. Nicht einmal ihrer eigenen Heldin gestatten sie, Romane zu lesen; nimmt sie aber zufällig einen solchen in die Hände, wird sie seine geschmacklosen Seiten sicherlich voll Abscheu umwenden. Ach, wenn die Heldin des einen Romans nicht von der Heldin eines anderen in Schutz genommen würde, wer sollte sich denn wohl ihrer annehmen und sie beschützen? Da kann ich nicht mitmachen! Überlassen wir es doch den Kritikern, die Früchte der Phantasie nach Belieben zu tadeln und sich über jeden neuen Roman in jenen fadenscheinigen Tiraden zu ergehen, unter denen jetzt die Presse stöhnt. Wir aber wollen einander nicht im Stich lassen, denn man greift uns als Gesamtheit an. Obgleich unsere Werke ausgedehntere und natürlichere Freude ausgelöst haben als andere literarische Schöpfungen, sind sie doch mehr verunglimpft worden als jede andere Art des Schrifttums. Wir besitzen mindestens ebensoviel Feinde wie Freunde. Während die Fähigkeit des neunhundertsten Bearbeiters der Geschichte von England oder des Mannes, der in einem Sammelband etliche Verse von Milton, Pope und Prior, einige Spalten aus dem *Spectator* und ein Kapitel von Sterne veröffentlicht, von tausend Federn gepriesen werden, unterschätzt und verspottet man die Leistungen eines Romanschreibers und schmälert den Wert von Arbeiten, die sich nur durch Geist, Witz und Geschmack empfehlen. »Ich gehöre nicht zu den Romanlesern. – Ich schaue selten in Romane hinein. – Bitte stellen Sie sich nicht vor, daß ich häufig Romane lese. – Für einen Roman ist das Buch eigentlich ganz nett.« So lautet das übliche Urteil. »Und was lesen Sie gerade, Miss …?« »Oh, nur einen Roman!« erwidert die junge Dame und legt mit gezwungener Gleichgültigkeit oder plötzlicher Scham das Buch auf den Tisch. »Es ist nur *Cecilia* oder *Camilla* oder *Belinda*, kurz, ein Werk, das die größten Geisteskräfte und beste Menschenkenntnis verrät, die treffendste Abhandlung menschlicher Eigenart, lebhaften Witz und gute Laune in der gewähltesten Sprache vermittelt. Wenn aber die gleiche junge Dame soeben in einen Band des *Spectator* vertieft gewesen wäre, wie stolz würde sie das Buch vorzeigen und seinen Titel nennen! Obgleich es für sie nachteilig wäre, sich mit irgendeiner dieser umfangreichen Veröffentlichungen zu beschäftigen, die entweder im Gegenstand oder in der Art ihrer Wiedergabe einen jungen Menschen von Geschmack entsetzen müßten – denn sie handeln so häufig von unwahrscheinlichen Umständen, unnatürlichen Charakteren und Gesprächsstoffen, sind für keinen Lebenden mehr interessant, und ihre Sprache ist obendrein oft so grob, daß sie keinen allzu guten Eindruck von dem Zeitalter vermitteln, das dergleichen duldete.«

Die Abtei von Northanger, S. 35f.

Andere mögen mit ihrer Feder bei Schuld und Unglück verweilen. Ich verzichte auf solche unangenehmen Themen, weil es mich dazu drängt, jeden, der nicht zu sehr gefehlt hat, wieder in einen Zustand zu versetzen, in dem er sich einigermaßen wohl fühlt, und mit allen anderen rasch fertig zu werden.

Mansfield Park, S. 562

»Die Romane, die ich schätze, sind solche, welche die menschliche Natur in ihrer Herrlichkeit darstellen, solche, die sie in den Höhenflügen starker Gefühle zeigen, solche, die das Wachsen einer heftigen Leidenschaft aus der Keimzelle embryonaler Empfängnis bis zur endgültigen Erschütterung der halbentthronten Vernunft genau verzeichnen [...]«

»Falls ich Sie recht verstehe«, erwiderte Charlotte, »ist unser Geschmack in Romanen in keiner Weise der gleiche.«

Sanditon, S. 221

Kunstgenuß

Am Dienstagabend wird eine große Gala in Sydney Gardens gegeben – ein Konzert mit Festbeleuchtung und Feuerwerk –, auf das letztere freuen sich Eliza und ich besonders, und selbst das Konzert verspricht reizvoller als gewohnt zu werden, weil der Park groß genug ist, daß ich ausreichend außer Hörweite der Musik sein kann.

J. A. an Cassandra, 2. Juni 1799

Die Musik war ausgezeichnet. Sie begann – erzähl bitte Fanny davon – mit ›Poike pe Parp pin praise pof Prapela‹. [Strike the Harp in prise of Bragela, in einer zwischen Tante und Nichte gepflegten Nonsens-Sprache.] Der Harfenspieler hieß Wiepart; er ist offenbar berühmt, obwohl ich noch nie von ihm gehört habe. Es trat auch eine kleine Miss Davis auf, ganz in Blau, noch ohne Bühnenerfahrung, aber ihre Stimme wurde allgemein sehr bewundert. Die Künstler waren alles in allem sehr zufriedenstellend. Sie taten, wofür sie bezahlt wurden, und machten sich darüber hinaus nicht wichtig.«

J. A. an Cassandra, 25. April 1811

Wir waren gestern abend alle zusammen im Theater, um Miss O'Neal in *Isabella* zu sehen. Sie erfüllte nicht ganz meine Erwartungen. Wahrscheinlich wünsche ich mir mehr, als menschenmöglich ist. Schauspielerei stellt mich nur selten zufrieden. Ich steckte zwei Taschentücher ein, hatte aber sehr wenig Gelegenheit, auch nur eins davon zu gebrauchen.

J. A. an Anna Lefroy, 29. November 1814

»Wer mag nur zuerst entdeckt haben, daß die Wirkung der Dichtkunst die Liebe vertreibt?«

»Ich habe bisher in der Dichtkunst die Nahrung der Liebe gesehen«, meinte Darcy.

»Für eine schöne, kräftige, gesunde Liebe mag das zutreffen. Was stark ist, ist leicht zu nähren. Aber sofern es sich nur um eine leichte Zuneigung handelt, bin ich überzeugt, daß sie bei einem guten Sonett vollständig verhungert.«

Elizabeth Bennet und Mr. Darcy in *Stolz und Vorurteil*, S. 56

»Von Musik! Dann sprich bitte laut! Von allen Themen liebe ich dies am meisten. Wenn man von Musik spricht, muß ich an der Unterhaltung teilhaben. Es gibt wenige Menschen in England, glaube ich, die mehr Freude an der Musik empfinden als ich oder die ein besseres natürliches Verständnis haben.«

Lady Catherine de Bourgh in *Stolz und Vorurteil*, S. 187

Tom Bertram ging zum Theaterraum und kam dort gerade rechtzeitig an, um die erste Begegnung zwischen seinem Vater und seinem Freund mitzuerleben. Sir Thomas war nicht wenig überrascht gewesen, in seinem Zimmer Kerzen brennen zu sehen und bei genauerem Hinschauen weitere Zeichen kürzlicher Benutzung und ein allgemeines Durcheinander in der Einrichtung zu entdecken. […] aber es blieb ihm kaum Zeit, sich über all das zu wundern, als Laute aus dem Billardzimmer drangen, die ihn noch mehr in Erstaunen versetzten. Irgend jemand sprach dort in einem sehr lauten Tonfall – er kannte die Stimme nicht – ja, es war schon mehr als Sprechen – fast Schreien. Er trat zur Tür […] und fand sich, als er sie öffnete, unversehens auf der Bühne eines Theaters und einem deklamierenden jungen Mann gegenüber, der aussah, als wolle er ihn gleich rückwärts umstoßen. In dem Augenblick, da Yates seinerseits Sir Thomas gewahrte und vielleicht den besten Ausdruck des Entsetzens an den Tag legte, der ihm im Lauf sämtlicher Proben gelungen war, betrat Tom das Zimmer vom anderen Ende her, und noch nie zuvor hatte er größere Schwierigkeiten gehabt, die Fassung zu bewahren. Die feierliche und zugleich verblüffte Miene seines Vaters bei diesem seinem allerersten Bühnenauftritt und die allmähliche Verwandlung des von Leidenschaft getriebenen Baron Wildenhaim in den wohlerzogenen und weltgewandten Mr. Yates, der sich gegenüber Sir Thomas Bertram verbeugte und entschuldigte – das war eine derartige Vorstellung, eine Kostprobe echter Schauspielkunst, die er um keinen Preis hätte versäumen wollen! Es würde die letzte, aller Wahrscheinlichkeit nach die wirklich letzte Szene auf dieser Bühne sein, aber er war sich ganz sicher: […] Das Haus würde mit größtem Applaus schließen.

[…] Nach außen hin hieß Sir Thomas Mr. Yates mit aller Herzlichkeit willkommen, […] war aber in Wirklichkeit von der Notwendigkeit der Bekanntschaft ebensowenig überzeugt wie von der Art und Weise ihres Zustandekommens angetan [...] und es bedurfte des ganzen Glücksgefühls, wieder zu Hause zu sein, und all der daraus erwachsenden Langmut, Sir Thomas vor Zorn darüber zu bewahren, daß er sich in seinem eigenen Hause so irregeführt sah, daß er inmitten dieses theatralischen Unsinns an einer lächerlichen Vorstellung teilnehmen mußte und ihm in einem so unpassenden Augenblick die Bekanntschaft eines jungen Mannes aufgezwungen wurde, der ihm mit Sicherheit mißfallen würde und dessen ungezwungenes, zungenfertiges Gehabe schon in den ersten fünf Minuten deutlich zu machen schien, daß er sich hier mehr zu Hause fühlte als der Hausherr selbst.

Mansfield Park, S. 219f.

Sie bezeichnete es als das Unglück der Poesie, daß sie selten ohne Gefahr von denen genossen würde, die sich ihr ganz verschrieben haben, und daß gerade starke Gefühle am sparsamsten gekostet werden sollten. [...] Und sich ihrer größeren geistigen Reife wegen dazu befugt fühlend, wagte sie, ihm vor allem Prosa für seine täglichen Übungen zu empfehlen.

Anne Elliot, S. 113

Reisen

Hier bin ich wieder inmitten von Ausschweifung und Laster gelandet und bemerke schon, wie meine Moral untergraben wird.

J. A. an Cassandra aus London, 23. August 1796

Wir sahen gestern morgen zahllose Postwagen voller Schüler vorbeifahren – voller zukünftiger Helden, Gesetzgeber, Narren und Tunichtgute.

J. A. an Edward Austen-Leigh, 9. Juli 1816

Ihre Reisegefährten [...] Sir William Lucas und seine Tochter Maria, ein gutmütiges Mädchen, aber ebenso hohlköpfig wie ihr Vater, hatten nichts Hörenswertes vorzubringen, daher lauschte sie ihnen mit dem gleichen Vergnügen wie dem Rasseln der Räder.

Stolz und Vorurteil, S. 165

Die Nachricht, daß die Reisenden nach einer glücklichen Überfahrt wohlbehalten in Antigua angekommen seien, traf schon nach kürzester Zeit ein, allerdings nicht bevor Mrs. Norris sich ganz fürchterlichen Ängsten hingegeben hatte. Und da sie davon ausging, daß sie als erste von irgendeiner verhängnisvollen Katastrophe erfahren würde, hatte sie sich schon zurechtgelegt, wie sie eine solche Nachricht all den anderen eröffnen wolle, als Sir Thomas' Versicherung, er und sein Sohn seien am Leben und wohlauf, sie nötigte, ihre Erschütterung und ihre mitfühlenden vorbereitenden Worte einstweilen für sich zu behalten.

Mansfield Park, S. 46

»Wenn Sie wüßten, wie es Selina zumute ist, wenn sie in einem Gasthaus übernachten muß, dann würden Sie sich nicht darüber wundern, daß Mrs. Chuchill alle Anstrengungen auf sich nimmt, um das zu vermeiden. Selina sagt, es sei für sie ein richtiger Alptraum – und ich glaube, ich habe ein bißchen von ihrer Überempfindlichkeit angenommen. Sie reist immer mit eigener Bettwäsche; eine ausgezeichnete Vorsichtsmaßnahme. Tut Mrs. Churchill das auch?«

Mrs. Elton in *Emma*, S. 389

»Ich habe viermal den Atlantik überquert, war einmal in Ostindien – aber nur einmal – und noch an verschiedenen näher gelegenen Orten wie Cork, Lissabon und Gibraltar. Aber über die Straße von Malacca bin ich nie hinausgekommen – und auch nicht nach Westindien. Sie wissen ja, daß wir Bermuda oder Bahama nicht zu Westindien rechnen.«
Mrs. Musgrove machte keine Einwendung; sie konnte nicht einmal behaupten, diese Inseln in ihrem ganzen Leben überhaupt je erwähnt zu haben.

Anne Elliot, S. 81

Blick zurück

HEINRICH VI.

Ich nehme an, daß meine Leser über die Fehden zwischen ihm und dem Herzog von York, der im Recht war, Bescheid wissen, und wenn nicht, dann täten sie am besten daran, ein anderes Geschichtswerk zu lesen, da ich nicht beabsichtige, mich darüber allzu sehr auszulassen, denn es ist mir an nichts anderem gelegen als daran, all jene, deren Parteien oder Prinzipien nicht mit den meinen harmonieren, mit Gift und Galle zu überschütten und nicht etwa Kenntnisse zu vermitteln. [...] Zur Zeit dieses Herrschers lebte Johanna von Orleans und verursachte einen gewaltigen Spektakel bei den Engländern. Sie hätten sie nicht verbrennen sollen, aber sie taten es. *Die Geschichte Englands*, S. 105

HEINRICH VIII.

Die Greueltaten und Grausamkeiten dieses Fürsten waren zu zahlreich, als daß sie sich aufzählen ließen, und zu seiner Rechtfertigung läßt sich nichts vorbringen, als daß seine Aufhebung der Klöster, welche daraufhin den zerstörerischen Einwirkungen der Zeit überlassen wurden, der englischen Landschaft als solcher von unendlichem Nutzen war. [...] Der letzten Ehefrau des Königs gelang es, ihn zu überleben, wenn auch mit geringem Erfolg. *Die Geschichte Englands*, S. 109

ELIZABETH I.

[...] Jenes verderbte Wesen, jene Eiterbeule der menschlichen Gesellschaft, [die Maria Stuart hatte hinrichten lassen]. [...] Was muß diese bezaubernde Prinzessin, deren einziger Freund damals der Herzog von Norfolk war und deren einzige Freunde heutigentags Mr. Whitacker, Mrs. Lefroy, Mrs. Knight und ich sind, die von ihrem Sohn verlassen, von ihrer Base eingekerkert und von jedermann verleumdet, beschimpft und besudelt wurde – was muß ihr edler Geist durchlitten haben, als sie erfuhr, daß Elizabeth ihren Tod verfügt hatte.

Die Geschichte Englands, S. 111f.

Nachwort

Jane Austens Romane galten noch Jahrzehnte nach ihrem Tod als »dear books«, die auch von jungen Damen gelesen werden durften, um deren geistige Gesundheit die englische Gesellschaft des 19. Jahrhunderts außerordentlich besorgt war. Heute mag man sich fragen, was ihre Zeitgenossen und die folgenden Generationen zu dieser Sicht verführt hat. Die schönen Kulissen? Die köstlichen Charaktere? Die Abwesenheit von Armut und Gewalt, auf die man auch im wirklichen Leben nicht gern gestoßen wurde? Zwar hat Austen nie über wirklich Bedrohliches geschrieben, doch im Kreis der »drei, vier Familien auf dem Land«, auf die sie sich selbst beschränkte, ist menschliche Niedertracht ebenso zu Hause wie in einer kriminellen Vereinigung. Gemeinheiten werden bei ihr nur etwas zierlicher formuliert und etwas eleganter ertragen. Vieles ist komisch in den sieben vollendeten und zwei unvollendeten Romanen, die Austen in ihrem Leben schrieb, aber das wenigste ist harmlos, und wenn die Autorin auch nicht wie ihre Kollegen Fielding, Swift, Sterne oder Smollett den großen Säbel führte, so konnte sie doch sehr präzise mit der Stickschere zustechen.

1775 in dem kleinen Dorf Steventon in Hampshire geboren und neben ihrer älteren Schwester Cassandra das einzige Mädchen zwischen fünf aufgeweckten Knaben, hatte Jane keine geregelte Bildung genossen, profitierte aber von der Bibliothek ihres Vaters, des Reverend George Austen, und den klugen Gesprächen, die er mit seinen Söhnen und Schülern führte. Alle Austens waren begeisterte Romanleser, Subskribenten einer Leihbibliothek, und das in einer Zeit, in der Romane als leicht anrüchiges Vergnügen galten, und für eine Dame die Schriftstellerei an der Grenze zum Schicklichen lag. Allerdings durfte in ihrem Jahrhundert noch vieles deutlicher gesagt werden als zwei Generationen später, als sich Hosen zu Unaussprechlichen entwickelten, Männer-, Frauen- und selbst Stuhlbeine verhüllt wurden.

Dennoch ist der Ton erstaunlich rüde, in dem Jane Austen im Alter zwischen zwölf und achtzehn Jahren die Unterhaltungsliteratur ihrer Zeit parodierte – Schau- ergeschichten, Theaterstücke, empfindsame Romane – oder eine sehr parteiische Geschichte Englands verfaßte. In diesen Jugendschriften hängen junge Damen an der Flasche, nehmen Hausmädchen die Diener vorsprechender Gentlemen gleich an der Tür für sich in Anspruch, werden Kinder aus dem Fenster geworfen oder in Heustadeln abgelegt und vergessen. Die Stücke und Brief-Romänchen, die Jane mit großer Geste ihren Brüdern, Basen und Freundinnen zueignete, waren natürlich nicht zur Veröffentlichung gedacht. Sie wurden im Kreis der Familie vorgelesen oder im Wohnzimmer inszeniert. Vermutlich hatten alle Beteiligten – anders als in *Mansfield Park*, wo das Theaterspielen zu unseligen amourösen Verstrickungen führt – einen Heidenspaß an ihrer häuslichen Kunst.

Als Autorin mit professionellen Absichten mäßigte Austen ihren Ton und verfeinerte ihre satirischen Mittel, aber ihre Leitmotive und Konfliktstoffe blieben die gleichen: Wer paßt zu wem? Wie solide ist das Fundament, auf dem eine Liebe bauen kann? Sind die finanziellen Verhältnisse geregelt? Wirbelwindromanzen, in denen der Verstand unter die Räder kommt, gehen bei Austen immer schief. Und jeder erhält am Ende, was er verdient: die arroganten Herrschaften einen Dämpfer, die Irrenden eine Portion Einsicht, die jungen Männer, die nicht auf ihr (gutes) Herz hören wollten, eine böse Frau, die liebenswürdigen, temperamentvollen jungen Damen einen Gentleman mit herrlichem Besitz, die etwas bescheideneren einen Pfarrer mit ordentlicher Pfründe und einem Hühnerhof.

Die Formen der Balz mögen in den »erwachsenen« Romanen sublimer sein als zwischen den frechen Mädchen und den groben Klötzen aus den Jugendschriften, aber die Liebe spielt weiterhin die erste Geige, adäquat begleitet vom Zaster. *Lady Susan,* die sich Jane Austen mit achtzehn ausdachte, ist auf beides gleichermaßen erpicht und schillert auf der Grenze zwischen bedenkenlosem Spaß und kluger Charakterstudie. Gelegentlich hat Austen auch Themen wiederholt durchgespielt. So hat die Pfarrersgattin, die von Lady Catherine de Bourgh ans Gartentor zitiert wird, ihre Vorläuferin in Miss Maria aus *Eine Sammlung von Briefen,* die vom Abendessen aufstehen muß, um im scharfen Ostwind an Lady Grevilles Kutschenschlag zu treten und sich für ihren wehenden Rock auch noch abkanzeln lassen darf.

Der große Erzählstrang von Austens Romanen wird umkränzt von einer Truppe unsterblicher Charaktere, die Austen liebt aber nicht schont. »Schönheit erleuchtet diese Narren«, schrieb Virginia Woolf über Figuren, die wir auch im modernen Kleid wiedererkennen würden: der in seiner Dummheit prangende Pfarrer Mr. Collins, der schonungsbedürftige Mr. Woodhouse, die schauerliche Tante Norris, die grundlos dauerlachende Mrs. Palmer oder die alberne Miss Bates, die nichts Sinnvolles sondern lediglich »Töne zusammenhangloser Gutmütigkeit« von sich gibt.

Im Briefwechsel mit ihrer Schwester Cassandra mußte Jane sich keiner Empfindlichkeit fremder Leser anbequemen. Ihre langen Schreiben sind voll der »wichtigen Nichtigkeiten«, in denen sie Nachbarn und Freunde gern mit ein paar Federstrichen und im Telegrammstil massakrierte. Eine Zeitgenossin lernte Miss Austen als den steifen »Schürhaken« in der Ecke kennen, den man nicht beachtete, und der kaum, daß man das Kränzchen verlassen hatte, aus der Asche des Gesprächs boshafte Funken schlug. Unter Neffen und Nichten galt Tante Jane als eine der »Schrecklichen«, weil sie unkonventionelles oder flegelhaftes Verhalten nur in Maßen tolerieren konnte. Nach ihrem Tod schnitt Cassandra Sätze aus den Briefen heraus; Nichte Fanny »verlegte« im Alter die zärtlichen und unverblümten Schreiben derjenigen, die sie »fast wie eine zweite Schwester« geliebt hatte, und empfand die arme Tante Jane posthum als ein peinliches Familienmitglied.

Jane Austen, die der »Gentry« angehörte – ihre Mutter war mit dem Adel verbandelt –, führte nach außen ein »ereignisloses Leben«, wie ihr Bruder Henry schreibt.

Sie hat nicht geheiratet, sie ist nicht weit gereist, ihr Vater starb als sie neunundzwanzig war und sie mit ihrer Mutter und Schwester in eingeschränkten Verhältnissen zurückließ, aber Not hat sie nie gelitten. Feine Apfelkuchen waren durchaus Teil ihres häuslichen Glücks, fürs Grobe gab es immer ein Mädchen, und wenn das Geld für ein neues Hütchen nicht reichte, mußte das vom letzten Jahr eben frisch geputzt werden. Sie lebte in Bath, Southampton, besuchte ihren Bruder Edward in Kent, der von reichen Verwandten adoptiert worden war und dort ein Leben als Landedelmann führte.

Als sie dreiunddreißig war, bot Edward seiner Mutter und seinen Schwestern im Dorf Chawton in Hampshire ein großes Cottage zur dauernden Bleibe an, und hier schrieb Austen in den acht Jahren bis zu ihrem Tod die großen Romane, *Verstand und Gefühl* und *Stolz und Vorurteil*, von denen es bereits eine frühere Fassung gab, *Mansfield Park*, *Emma*, *Anne Elliot*, und sie begann *Sanditon*. Dabei hielt sie ihre Autorenschaft, so gut es ging, unter Verschluß. »By a Lady« stand auf dem Buchdeckel von *Sense and Sensiblitiy* und auf den folgenden »By the author of *Sense and Sensibility*«. Es blieb jedoch nicht aus, daß sich Miss Austens Erfolg herumsprach und die Damen der Nachbarschaft sich schmeichelten, Vorbilder für ihre Romanheldinnen zu sein. Darüber hat sie vermutlich nur gelächelt. Sie war zu stolz, um sich Miss D.s, des Reverends P. oder Colonels H. zu bedienen, und sie trennte streng zwischen literarischem und privatem Schreiben.

Deshalb ist es auch ein müßiges Spiel, in den geschliffenen Spitzen und unverhohlenen Gemeinheiten ihrer Figuren nach dem Echo der auktorialen Stimme zu forschen. Manchmal, wie in ihrem frühen Roman *Die Abtei von Northanger*, mischt sie sich ironisch kommentierend ins Geschehen, doch ein Charakter nach ihrem Bilde wäre ihr nicht unterlaufen. Wir wissen aus den Briefen, daß Elizabeth Bennet eine ihrer Lieblingsfiguren war, daß Anne Elliot ihr »fast zu gut« erschien und Emma eine Heldin war, die vermutlich niemandem außer ihr selbst gefallen würde. Doch Austens »Gute« sind so wenig unbeirrbar im Recht wie die Irrenden reinweg ruchlose Charaktere sind. Elinor Dahswood (Verstand) ist die gefestigtere junge Frau, aber wer kann der erfrischenden Taktlosigkeit ihrer Schwester Marianne (Gefühl) widerstehen? Das arme Hascherl Fanny Price ist zwar die Heldin in *Mansfield Park*, ihre frivole Gegenspielerin Mary Crawford darf gleichwohl die flotteren Reden führen.

Austens Bruder Henry, dem als ihrem literarischen Nachlaßverwalter sehr am guten Ruf »unserer« Autorin gelegen war, schrieb, sie habe nie ein böses oder unüberlegtes Wort gesprochen. »Obwohl ihrer raschen Aufmerksamkeit die Schwächen, Schnurren und Spleens anderer Menschen nicht entgingen, gewann sie es niemals über sich, unfreundlich über deren Laster zu sprechen. [...] Wenn es nichts zu beschönigen gab, zog sie es vor zu schweigen.«

Wäre dies der Fall gewesen, gäbe es nichts aus ihrer Feder, an dem wir uns heute delektieren könnten, und

Austens Romane wären mit den zahllosen melodramatischen, zahmen und sentimentalen Schmökern des 18. und 19. Jahrhunderts in den literarischen Humus eingegangen. Aber Austen funkelt noch immer, und seit das steile Licht der Verfilmungen auf Leben und Werk gefallen ist, heller als zuvor. Und trotz familiärer Zensur sind genügend »Stellen« auf die Nachwelt gekommen, in denen die Schwächen, Schnurren und Spleens der Mitmenschen besprochen werden und die Austens Fähigkeit belegen, auch mit der Stickschere tödlich zu treffen.

Elsemarie Maletzke

Quellen

Werke von Jane Austen

Anne Elliot. Aus dem Englischen von Margarete Rauchenberger. Insel Verlag Frankfurt am Main 1988 (it 1062)
Die Abtei von Northanger. Aus dem Englischen von Margarete Rauchenberger. Insel Verlag Frankfurt am Main 1986 (it 931)
Die drei Schwestern und andere Jugendwerke, darin: *Liebe u. Freundschaft, Lesley Castle, Die Geschichte Englands, Eine Sammlung von Briefen, Catharine oder Die Laube, Entwurf zu einem Roman, Evelyn, Frederic und Elfrida, Jack und Alice, Edgar und Emma, Henry und Eliza, Die Abenteuer des Mr. Harley, Die schöne Cassandra, Der Besuch.* Aus dem Englischen von Melanie Walz. Insel Verlag Frankfurt am Main und Leipzig 2000 (it 2698)
Emma. Aus dem Englischen von Angelika Beck. Insel Verlag Frankfurt am Main und Leipzig 2008 (it 3501)
Lady Susan. Aus dem Englischen von Angelika Beck, darin *Die Watsons; Sanditon.* Aus dem Englischen von Elizabeth Gilbert. Insel Verlag Frankfurt am Main 1989 (it 1192)
Mansfield Park. Aus dem Englischen von Angelika Beck. Insel Verlag Frankfurt am Main 1993 (it 1503)
Stolz und Vorurteil. Aus dem Englischen von Margarete Rauchenberger. Insel Verlag Frankfurt am Main 1985 (it 787)
Verstand und Gefühl. Aus dem Englischen von Angelika Beck. Insel Verlag Frankfurt am Main und Leipzig 2008 (it 3518)
The Juvenilia of Jane Austen and Charlotte Brontë, ed. by Frances Beer, Penguin Books, 1986; darin *Amelia Webster.* Zitat übersetzt von Elsemarie Maletzke
The Works of Jane Austen. Vol. 6 Minor Works, ed. by R.W. Chapman. Oxford University Press, London 1954, darin *The generous curate. A Tale.* Zitate übersetzt von Elsemarie Maletzke

Briefe und Biographien

Jane Austen's Letters, collected and edited by Deirdre Le Faye. Oxford University Press, Oxford 1995. Zitate übersetzt von Elsemarie Maletzke

Angelika Beck, *Jane Austen. Leben und Werk in Texten und Bilder.* Insel Verlag Frankfurt am Main und Leipzig 1995 (it 1620)

Elsemarie Maletzke, *Jane Austen. Eine Biographie.* Verlag Schöffling & Co., Frankfurt am Main 1997